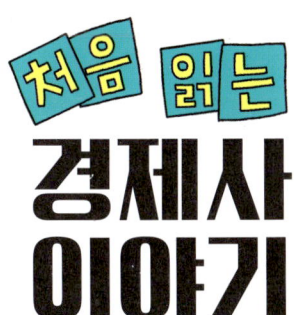

처음 읽는 경제사 이야기

1판 1쇄 인쇄 | 2023. 6. 29.
1판 1쇄 발행 | 2023. 7. 10.

공병호 글 | 김재일 그림

발행처 김영사 | **발행인** 고세규
마케팅 서영호 | **홍보** 조은우 박다솔
등록번호 제 406-2003-036호 | **등록일자** 1979. 5. 17.
주소 경기도 파주시 문발로 197(우10881)
전화 마케팅부 031-955-3100 | 편집부 031-955-3113~20 | 팩스 031-955-3111

© 2023 공병호, 김재일
이 책의 저작권은 저자에게 있습니다. 저자와 출판사의 허락 없이 내용의 일부를 인용하거나 발췌하는 것을 금합니다.

값은 표지에 있습니다.
ISBN 978-89-349-4078-4 73320

좋은 독자가 좋은 책을 만듭니다. 김영사는 독자 여러분의 의견에 항상 귀 기울이고 있습니다.
전자우편 book@gimmyoung.com | 홈페이지 www.gimmyoungjr.com

어린이제품 안전특별법에 의한 표시사항

제품명 도서 제조년월일 2023년 7월 10일 제조사명 김영사 주소 10881 경기도 파주시 문발로 197
전화번호 031-955-3100 제조국명 대한민국 ⚠주의 책 모서리에 찍히거나 책장에 베이지 않게 조심하세요.

공병호 글 · 김재일 그림

주니어김영사

글쓴이의 말

어느 시대, 어느 장소에서나 사람들은 경제 문제를 가지고 씨름을 해 왔습니다. 어떻게 하면 살아남을 수 있을까? 어떻게 하면 잘 살 수 있을까?

이렇게 고민해 온 이유는 늘 사람들이 사용할 수 있는 자원의 양이 사용하고 싶은 양보다 적었기 때문입니다. 여러분도 사고 싶은 것은 많지만 돈이 부족했던 경험을 갖고 있을 겁니다. 옛날 사람들이나 지금 사람들이나 모두가 마찬가지랍니다. 쓸 데는 많은데 수중에 갖고 있는 돈은 적은 셈이지요.

그리고 사람들은 언제나 어제보다는 오늘, 오늘보다는 내일의 좀 더 나은 생활을 위해 노력해 왔습니다. 여러분들도 모두 '내일은 더 나은 생활을 할 수 있을 거야.'라고 믿기 때문에 더 열심히 노력하고 있을 것입니다.

그런데 굳이 과거의 경제 역사를 공부할 필요가 있을까요? 지금 일어나고 있는 일을 배우기도 벅차고, 수학이나 국어 그리고 영어 공부를 하는 것만도 바쁜데 말입니다. 경제의 역사는 흘러가 버린 이야기인데 굳이 공부할 필요가 있을까라고 생각하는 어린이들도 있을 것입니다. 하지만 오늘날 우리가 핸드폰이나 인터넷과 같은 현대 문명의 혜택을 누리고 있다고 하더라도 경제 문제의 성격은 크게 바뀐 것이 없습니다. 그래서 더 나

은 삶을 꿈꾸면서 노력하고 있는 사람들이라면, 다른 시대를 살았던 사람들이 주어진 환경 속에서 더 나은 삶을 위해 어떻게 노력해 왔는지를 아는 것은 무척 소중한 정보랍니다. 왜냐하면 그곳에 현대를 살아가는 사람들이 배울 수 있는 교훈과 재미가 듬뿍 들어있기 때문입니다.

또한 옛날 사람들이 어려운 환경을 극복하고 부를 축적하는 과정을 읽으면서 여러분은 '아하, 이렇게 부자가 되는구나.'라는 정보도 얻을 것입니다. 더불어 부자가 되는 지혜도 함께 가질 수 있답니다.

역사란 결코 과거의 이야기만은 아니랍니다. 그것에는 현재와 미래가 함께 들어 있답니다.

모든 시대에는 생존하기 위해서 그리고 잘 살기 위해서 최고의 노력을 다한 사람들이 있었습니다. 그들 가운데 일부는 성공하고 일부는 실패하기도 하였습니다. 그런 기록들이 여러분의 앞으로 남은 길고 긴 삶을 개척해 나가는 데 필요한, 소중한 지식과 넓은 시야를 가져다 주는 데 귀한 역할을 하게 될 것입니다. 먼 과거로 떠나는 여러분의 경제사 여행길이 즐거움으로 가득 차기를 바랍니다.

공병호

차례

경제사, 왜 중요할까?

- 10 인간의 역사는 살아남기 위한 치열한 몸부림
- 14 생존과 번영을 위한 인간의 경제생활을 다룬 역사
- 17 경제사를 배우는 다섯 가지 이유

고대 그리스·로마의 영광

- 44 그리스의 도시 국가
- 50 화폐의 등장
- 57 로마 사람의 경제 활동
- 63 고대 사회의 경제
- 67 고대의 상업
- 73 아리스토텔레스의 경제학

원시에서 문명으로

- 22 원시인의 생활
- 30 도시와 국가의 발생
- 34 개인 소유권의 뿌리
- 38 해양 교역의 나라, 페니키아

암흑의 중세와 동양의 발전

- 78 암흑의 시대
- 82 농업의 큰 발전
- 85 도시의 등장
- 92 이탈리아의 도시 국가
- 97 이슬람교의 발전
- 101 중국의 발전

대항해 시대

- 106 르네상스
- 111 대항해 시대
- 116 콜럼버스의 대서양 횡단
- 119 정화의 대항해
- 122 스페인의 해외 진출
- 126 절대주의 시대의 시작
- 130 상업 혁명

자본주의 미래 그리고 우리의 미래

- 182 확대되는 시장
- 186 커지는 기회
- 189 개인의 미래

자본주의 빛과 그림자

- 136 산업 자본가와 노동자의 탄생
- 139 산업 혁명
- 145 후발 국가들의 산업 혁명
- 154 경제 사상
- 160 노동조합의 등장
- 167 불황과 독점 자본주의
- 177 자본주의 국가 사이의 치열한 경쟁

경제사, 왜 중요할까?

인간의 역사는 살아남기 위한 치열한 몸부림

역사는 살아 움직이는 사람들의 이야기란다. 지금 우리가 누리고 있는 평화를 당연한 일로 생각하는 사람들도 있을 거야. 하지만 불행히도 오랜 역사 속에서 평화로웠던 때는 거의 없었어. 늘 사람들 사이에 전쟁이 끊이지 않았거든.

종종 영화나 텔레비전 드라마에서 다른 사람이 가진 귀한 물건이나 재산을 빼앗기 위해 싸우는 옛날 사람들의 모습을 볼 수 있었을 거야.

그 사람들은 왜 사이좋게 지내지 않고 다투었을까? 그건 바로 살아남기 위해서였어. 예전엔 모든 것이 부족했기 때문에 먹을 것을 차지하기 위한 다툼이 많았어. 그러다 보니 틈만 나면 쳐들어 오는 적들에게서 자신을 보호해야 했고, 주변의 자연환경도 인간이 원하는 방향으로 조금씩 고쳐나가야만 했지. 날씨가 추워지면 몸을 보호하기 위해 옷을 만들고, 농작물을 조금이라도 더 거두어들이기 위해 여러 가지 농사 도구를 만든 것도 살아남기 위한 치열한 몸부림이었어.

역사는 이렇게 사람들이 살아남기 위해 노력해 온 과정을 적어 놓은 것이란다.

사람이 살아가는 데 필요한 것은 식량, 소금, 옷을 비롯한 여러 가지가 있어. 그러나 옛날에는 어느 것 하나 넉넉하지 않았어. 요즘은 뭐든 풍족하게 쓸 수 있다고 하지만 이렇게 살게 된 것도 그리 오래전 일은 아니란다.

내가 너희만 할 때 형제가 많은 집에서는 당연히 형이 입던 옷을 물려 입었고, 책은 물론 신발까지 물려받았어. 추석이나 설이 되어야 겨우 새 옷 구경을 할까 말까 했지. 물건이 귀하니 아껴 쓰는 건 당연한 일이었어.

더 거슬러 올라가 너희의 할아버지 할머니가 젊었을 때는 늘 배가 고플 정도로 먹을 것이 부족했지. '보릿고개'란 말을 들어본 적 있지? 농사가 주업이었던 시절, 가을에 거두어들인 곡식을 겨우내 먹다 보면 봄에는 식량이 바닥나거든. 이렇게 식량은 떨어졌는데 아직 햇곡식이 익지 않아 먹을 것이 뚝 떨어진 때를 춘궁기라고 했어. 이 춘궁기를 넘기지 못하고 굶어 죽는 사람이 수도 없이 많았대. 이렇게 보리가 익는 이른 여름까지 굶주림을 견뎌야 하는 시기를 '보릿고개'라고 했어.

우리나라뿐만 아니라 초기의 역사에 나오는 거의 모든 나라는

　자급자족할 만큼의 식량을 얻지 못했어. 이때에는 제대로 식량을 구하는 나라가 부유한 나라였지. 그렇다고 식량 문제 해결만이 다는 아니었어. 적이 쳐들어올 것에 대비해 무기도 만들어야 했고, 왕실의 위엄을 높이기 위해 장신구나 보석도 필요했어. 그런데 이 모든 것들을 어떻게 구할 수 있었을까? 다행히 스스로 구할 수 있다면 좋겠지만 그렇지 않았다면 말이야.

　다른 나라에서 부족한 물건을 구해 오려면 그 물건에 대한 대가로 지불할 무언가를 갖고 있어야 해. 예를 들어 금과 은 같은 값진 광물이나 상대방에게 없는 귀한 물건을 갖고 있다면 서로 맞바꿀 수 있잖아.

이렇게 서로 필요한 것을 구하기 위해 나라와 나라, 지역과 지역 그리고 사람과 사람끼리 서로 물건을 맞바꾸는 게 바로 무역이고 교역이야. 교역이 시작되면서 사람들의 생활은 자급자족할 때보다 훨씬 나아졌지.

오늘날도 마찬가지로 무역은 중요한 경제 활동 중의 하나란다. 우리나라에서는 석유가 한 방울도 나오지 않는데, 거리를 쌩쌩 달리는 몇천만 대의 차를 움직이게 하거나 집을 따뜻하게 하려면 반드시 석유가 필요하잖아. 또 석유를 사기 위해서는 달러 같은 외화도 필요해.

외화를 벌기 위해서는 어떻게 해야 할까? 우리나라가 잘 만드는 반도체, 자동차, 배, 컴퓨터, 휴대폰 등을 팔아서 외화를 버는 거야. 우리나라뿐 아니라 거의 모든 나라가 이렇게 해서 살아간단다.

이렇게 각 나라들은 살아남기 위해 끊임없이 노력해왔고, 살아가기 위해 필요한 기본적인 문제가 해결된 후에는 번영할 수 있는 방법을 찾기 위해 노력했단다.

생존과 번영을 위한 인간의 경제생활을 다룬 역사

'생'존'과 '번영', 이 두 단어는 인간의 역사에서 끊이지 않고 함께해 온 말이야. 생존과 번영을 위해 다른 사람을 죽이거나 상처를 입히고, 새로운 제도와 기구를 만들며, 더욱 발전된 생산 방법을 생각해 내기도 했어. 그건 국가뿐만 아니라 개인도 마찬가지야. 다른 사람보다 더 잘살고 싶은 욕심이 없다면 열심히 노력하지 않을 것이고, 그러면 발전할 수도 없지.

경제사란 생존과 번영을 위한 인간의 경제생활을 다룬 역사라고 할 수 있어. 인간이 살아오면서 의식주 문제를 어떻게 해결했는지, 부를 어떻게 쌓아 왔는지, 또 그것을 어떻게 썼는지를 적은 것이지.

만약 인간이 지금까지 원시 시대처럼 자급자족해서 살 수 있었다면 경제사라는 말은 생기지도 않았을 거야. 물론 우리가 지금 살아 있으리란 보장도 없겠지. 예전에 자급자족하던 사람들이 끊임없이 더 나은 생산 방법에 대해 고민하고 더 잘살기 위해 노력했기 때문에 지금의 우리가 있는 거야.

세상에 변하지 않는 것은 없어. 옛날이나 지금이나 모든 것은 변하지. 그 변화에 발맞추어 나가고 적응하기 위해 노력한 국가나 개인은 번영을 누릴 수 있지만 그렇지 못하면 뒤처지고 만단다.

옛날 부족 국가 시대의 사람들은 부족을 합해 하나의 국가를 만들고 사람이나 자원을 체계적으로 움직이는 게 훨씬 낫다고 생각했어. 그들은 그 생각을 행동으로 옮겨 국가를 만들었지. 국가를 만든 사람들은 자급자족하는 부족 사람들과 경쟁해서 이겼어. 작은 부족보다 훨씬 많은 사람과 풍부한 자원을 끌어 모았기 때문이야. 오늘날의 말로 표현하면 힘이 센 국가가 그렇지 못한 국가와 경쟁해서 이긴 거지. 경쟁에서 진 힘이 약한 민족은 다른 민족의 지배를 받거나 식민지가 되는 수모를 겪을 수밖에 없었어.

국가의 힘을 결정하는 것들 가운데 경제력이 특히 중요해. 15세기까지 중국은 농업이나 과학, 항해 등 모든 면에서 서유럽보다 발전했어. 그러나 그 뒤 나라의 문호를 걸어 잠그고 쇄국 정책을 펼쳤지. 반면 유럽은 *문호를 활짝 열고 과학을 발전시키기 위해 노력했단다. 결국 중국은 근대화가 늦어지면서 유럽에 뒤처질 수밖에 없었어.

한편 일본은 '쇼군'이라고 불리는 장군들이 다스리던 막부 시대에는 나라의 문호를 꼭꼭 걸어 잠갔어. 그런데 얼마 뒤 포르투갈, 네덜란드와 교류하면서 앞선 문물을 받아들여야만 살아남고 번영을 이룰 수 있다고 생각했어. 일본은 당장 문호를 열고 서구의 기술과 제도를 적극 받아들이면서 메이지 유신 이후 강한 나라가 되었지. 그러나 500년 동안 유교 국가였던 조선은 여전히 문호를 걸어 잠그고 쇄국 정책을 폈어. 그 결과 일본의 식민지가 되었지.

> **메이지 유신** 19세기 후반 봉건적인 막부 체제에서 천황이 직접 나라를 다스리는 체제로 바뀐 변혁 과정으로 농업에 중심을 두었던 경제에서 벗어나 교통, 산업, 통신 등을 발전시켜 일본 자본주의가 생겨나는 계기가 되었다.

이처럼 경제사는 생존과 번영을 위해 얼마나 노력했는가에 따라서 국가의 운명뿐만 아니라 개인의 운명이 결정된다는 사실을 가르쳐 준단다. 지금 이 순간에도 우리는 경제 활동을 하면서 새로운 경제사를 써 나가고 있는 거야.

***문호** 외부와 교류하기 위한 통로나 수단

경제사를 배우는 다섯 가지 이유

우리가 경제사를 배워야 하는 첫째 이유는 생존과 번영을 이루기 위한 게임이 아직 끝나지 않았기 때문이야. 아마도 인간이 이 세상에서 살아가는 한 그 게임은 계속될 거야.

20세기 초만 하더라도 경제 주도권은 영국에서 미국으로 옮겨 가고 있었어. 제2차 세계 대전이 끝난 뒤 얼마간은 미국이 홀로 앞서 나가는 것처럼 보였지만 일본과 독일이 크게 발전했고, 이어 한국, 홍콩, 대만, 싱가포르와 같은 아시아 국가들도 눈부시게 성장했지. 또 20세기 후반이 되면서 중국이 놀라운 성장을 해 주변 국가를 깜짝 놀라게 했어. 그러나 정보 통신 혁명이 일어나면서 세계의 경제력은 다시 한 번 미국으로 집중되었지.

이처럼 20세기 역사만 보더라도 생존과 번영을 이루기 위한 경쟁은 변화무쌍하고 흥미진진한 게임과도 같이 펼쳐졌다는 것을 알 수 있단다.

너희들은 그 게임이 어떻게 변화해 왔는지 알아야 해. 과거의 경제 활동이 어떻게 변화해 왔는지 제대로 알아야 우리가 앞으로 어떻게 발전할 수 있는지도 알 수 있으니까.

이 책을 읽는 동안 너희들은 현명한 선택을 한 국가가 어떻게 번영했는지, 또 잘못된 결정을 내린 국가가 어떻게 쇠퇴했는지 분명히 알게 될 거야. 그리고 많은 지혜를 얻을 거야. 국가나 개인이 어떤 상황에서 번영하는지 찬찬히 살펴보는 것도 뜻깊은 일이거든.

두 번째 이유는 우물 안 개구리가 되지 않기 위해서야. 지금 우리

가 살고 있는 시대만 바라본다면 세상을 보는 눈이 좁아질 수밖에 없어. 그러나 시대를 넘어 먼 과거까지 살펴볼 수 있는 눈이 생긴다면 더욱 멀리 내다볼 수 있지. 역사를 바르게 보면 미래에 대한 지식과 통찰력을 키울 수 있다는 뜻이야. 그렇게 되면 미래를 위해 열심히 살아갈 수 있는 힘을 얻을 수 있지. 경제사를 공부하는 것은 아주 좋은 망원경을 갖고 주위를 둘러보는 것과 같단다. 자기 눈으로 발밑만 보는 사람과 망원경으로 주위를 모두 둘러보는 사람 가운데 누가 더 멀리 볼 수 있겠니?

세 번째 이유는 부자가 되는 방법에 대한 역사적 지식을 얻을 수 있기 때문이야. 경제사에는 이익을 얻기 위해 치열하게 다투는 상인들의 이야기가 나오는데, 그들은 재산을 모으기 위해 위험을 무릅썼고 항해나 교역 같은 모험도 서슴지 않았어. 너희들은 상인들의 활동을 통해 재산 모으는 방법에 대한 지식을 얻을 수 있을 거야. 물론 그 방법은 지금 시대와 맞지 않겠지만, 재산을 모으는 기본 원리는 옛날이나 지금이나 크게 달라지지 않았기 때문에 아주 가치 있는 지식이지.

네 번째 이유는 경제 원리를 이해할 수 있기 때문이야. 사람들은 시대마다 여러 가지 방법으로 부를 얻었고, 그것을 쓰는 방법도 다양하지. 시대마다 그런 방법이 나오게 된 배경을 설명하는 경제학자나 경제 사상이 나오는데, 여행자에게 꼭 필요한 지도처럼 너희들을 경제의 세계로 안내할 거야.

마지막 이유는 역사를 이해하는 기본 시각을 가질 수 있기 때문이야. 여러 가지 복잡한 사건으로 뒤엉킨 역사를, 하나하나 연결된 매듭을 풀듯이 이해할 수 있는 힘이 생긴다는 거지. 얽히고설킨 사건들만 읽다 보면 자질구레한 지식은 늘어날지 몰라도 역사 전체에 대한 시각은 갖추기 힘들거든. 따라서 그런 단점을 해결한 이 책을 읽으면 좋은 역사 안경을 하나 가지는 것과 같아.

  자, 이제부터 멋진 지식 안경을 쓰고 인간이 생존과 번영을 위해 노력해 온 역사를 살펴보기로 하자.

원시에서 문명으로

원시인의 생활

1만 년 전 지구에는 몇 명의 사람이 살았을까? 기껏해야 1000만 명 정도? 아무리 많아도 2000만 명이 넘지는 않았을 거야. 지금은 전 세계 인구가 약 80억 명이니까 옛날에 비해 상상할 수 없을 만큼 많이 늘어난 거야.

이렇게 인구가 많이 늘어난 이유는 무엇일까? 그리고 80억 명을 먹여 살릴 수 있는 힘은 어디에서 나왔을까? 신이 보살펴 주어서일까, 아니면 다른 이유가 있을까? 이유는 간단해. 80억 명의 의식주를 해결할 수 있을 만큼 식량과 생활에 필요한 것을 만들 수 있었기 때문이야. 그만큼 *생산성이 높아졌다는 뜻이지.

생산성을 높일 수 있는 비결은 사람들이 필요한 도구를 직접 만들어 사용했기 때문이란다. 사람들은 새롭게 발명한 도구를 가지고 식량뿐만 아니라 여러 가지 물건을 만들어 냈어. 그래서 새로운 도

---

* **생산성** 토지, 자원, 노동력 등을 얼마나 효과적으로 이용하는지에 대한 기준이다. 예를 들면 10분에 빵 한 개를 만들던 제빵사가 반죽하는 기계를 들여놓으면서 10분에 빵 두 개를 만든다면 생산성이 100% 향상되었다고 말할 수 있다.

구 발명의 역사는 경제사에서 아주 중요한 부분을 차지해. 역사가들이 어떤 도구를 썼는지에 따라 구석기 시대, 신석기 시대, 청동기 시대, 철기 시대 등으로 나누어 놓은 것만 보아도 도구의 발전이 얼마나 중요한지 알 수 있겠지?

만약 인간이 불을 발견하지 못했다면 어떻게 되었을까? 추운 빙하기를 견뎌 내지 못하고 모두 얼어 죽고 말았을 거야. 뿐만 아니라 음식을 불에 익히지 않고 계속 날것만 먹었다면 건강을 해쳤겠지. 인간은 불을 발견함으로써 추운 환경을 이겨 낼 수 있었고, 어둠에서 벗어날 수 있었으며, 음식도 익혀 먹을 수 있었어.

인간이 불을 이용한 것은 꽤 오래되었어. 케냐의 티에소완자 유적에는 140만 년 전에 모닥불을 피운 흔적이 남아 있단다. 또 고대 신화에도 늘 불을 다루는 신이 나오지. 고대 인도에서 불의 신 아그니는 인간과 사이가 좋았어. 그리고 그리스 신화에 나오는 프로메테우스는 신들만 갖고 있던 불을 훔쳐 인간에게 건네준 죄로 제우스에게 큰 벌을 받기도 하지. 불을 신성하게 여기는 생각은 오늘날 여러 체육 행사에서 성화에 불을 붙이는 것에서도 찾아볼 수 있단다.

그렇다면 농사를 짓기 전의 원시인들은 어떻게 살았을까? 그들은 친인척을 중심으로 씨족 사회를 이루어 살았고, 씨족 전체는 500명 안팎이었어. 그런데 씨족 전체가 모두 함께 움직이지 않고 30~50명으로 나누어 지냈단다. *계급이 없는 평등한 사회였기 때문에 자신이 속해 있는 무리가 마음에 들지 않으면 다른 무리로 옮길 수도 있었어.

* **계급** 어떤 사회에서 신분, 재산, 직업 따위가 비슷한 사람들의 집단

라스코 동굴 벽화 기원전 1만 5000~1만 년경에 만들어진 것으로 여겨지는 프랑스의 라스코 동굴 벽화에는 말, 새, 들소 또는 산양 등으로 추정되는 동물들이 그려져 있다.

무리를 이끄는 우두머리는 나이가 많고 경험이 풍부하며 주변 지리를 잘 아는 사람이었을 거야. 사람들은 우두머리의 명령에 따라 함께 사냥한 뒤 잡은 동물을 똑같이 나누어 가졌어. 그러나 자기 재산을 챙길 수는 없었단다.

함께 생산하고 공평하게 나누어 갖는 공동 생산, 공동 소유 그리고 공동 분배를 통해 의식주 문제를 해결했지.

그들은 왜 함께 생산하고 소비했을까? 그것은 덩치가 큰 동물을 중요한 식량으로 삼았기 때문이란다. 돌도끼나 몽둥이 같은 사냥 도구를 갖고 혼자 매머드처럼 큰 동물을 상대한다고 생각해 보렴. 아무리 힘이 세다 해도 이길 수 없겠지? 백 번 싸우면 백 번 다 질 수밖에. 그런데 그렇게 큰 동물과 싸우다 지면 잡아먹히거나 크게 다칠 수 있잖아. 그래서 생각해 낸 게 바로 여럿이 힘을 모으는 거였어.

매머드 4만 년 전부터 1만 년 전까지 살았던 코끼리과의 포유 동물. 몸 길이는 4미터 정도이며 굽은 엄니가 있다.

사냥할 때는 힘을 모으는 것 못지않게 머리를 쓰는 것도 중요했어. 사냥 나가기 전에 순록, 들소, 매머드들이 어디로 도망가는지,

어떻게 해서 잡을 건지 미리 알아 두어야 했거든. 이런 흔적들은 동굴 벽화에 잘 남아 있단다. 사냥 장면이나 동물들의 모습이 자세히 그려져 있지.

하지만 구석기 시대가 끝나 갈 무렵에는 사람들이 너무 많이 잡아먹는 바람에 동물 수가 크게 줄어들고 말았어. 그리고 날씨가 따뜻해졌고 기후도 크게 달라졌지.

식량이 줄어든다는 것은 원시인들에게 큰 위기로 다가왔어. 새로운 식량을 찾는 것은 쉬운 일이 아니었으니까.

그런데 여기서 한 가지 짚고 넘어가야 할 게 있어. 사람들은 자기 재산이 아니면 마구잡이로 쓰거나 함부로 다루려는 경향이 있다는 거야. 원시인들은 왜 그렇게 동물을 많이 잡아먹어 버린 걸까? 아마도 주인이 확실히 정해져 있지 않았기 때문일 거야. 만약 일정한 구역을 정해서 이만큼은 누구 것이고, 또 이만큼은 누구 것이니 그 안에서만 사냥을 하라고 했다면 마구잡이로 짐승을 잡지는 않았을 거야. 자기들의 식량이니까 필요한 양 이상으로 사냥을 하지도 않았겠지.

오늘날도 마찬가지야. 만약 모든 바다나 호수, 산에 주인이 없으니 마음대로 쓰라고 한다면 금방 거칠어질 거야. 정부가 나서서 어업이나 임업을 할 수 있는 권리와 시기를 정해 주고 관리하니까 그나마 유지하는 거지. 전문가들은 이처럼 재산권이 정해져 있지 않을 때 사람들이 함부로 자원을 낭비하는 것을 '공유의 비극'이라고 한단다. 자원을 공동으로 가진다면 금방 바닥나는 일이 일어날 수 있다는 뜻에서 생겨난 말이야.

다시 원래 이야기로 돌아가면, 우리의 조상인 원시인은 사냥에만 기대지 않고 길들일 수 있는 동물과 먹을 수 있는 식물을 키우기 시작했어. 양, 돼지, 소, 개, 염소 등을 키우면서 한곳에 자리를 잡고 살게 된 거지.

역사가들은 이 시대를 신석기 시대라고 부른단다. 지금까지 단순한 수렵 *채집자로 지내 온 인간이 이때부터 생산자로 바뀌었지. 자연환경에 자신들의 운명을 내맡기지 않고 스스로 자연환경을 지배하면서 운명을 만들어 가기 시작했어.

신석기 시대가 되자 사람들은 농사를 짓기 시작했어. 어떤 식물을 키우기 시작했을까? 보리는 인간이 가장 먼저 재배한 작물이야. 건조하고 차가운 날씨를 잘 견디는 보리는 기원전 8000년~기원전

***채집자** 사냥을 하고 열매를 따는 사람

 원시 경제 ~기원전 8C
 고대 경제 기원전 8C~4C
 중세 시대 7C~15C

5000년경 서남아시아에서 먼저 재배되기 시작해 기원전 6000년에는 그리스까지 퍼진단다.

건조한 날씨를 잘 견디고 물이 부족한 황토 지역에서 잘 자라는 조는 기원전 8000년부터 중국 황허 지역을 중심으로 재배되기 시작했어. 허베이 성 자산 유적에서는 기원전 6000년쯤에 재배되었던 조가 가득 들어 있는 굴이 80개나 발견되었는데, 무려 50톤이나 되는 조가 있었다고 해.

신석기 시대에는 도구가 눈부시게 발달했어. 음식을 만들 때도 처음에는 화로나 달군 돌을 썼지만 농사를 짓기 시작하면서부터 점토로 만든 토기를 쓰기 시작했단다. 딱딱한 작물을 토기에 담아 부드럽게 만들어 먹을 수 있었지. 기원전 6000년 무렵에는 돌을 다듬어

낫으로 쓰고, 금속을 녹여 농기구를 만들기도 했단다.

　이렇게 시작된 농업은 기원전 4000년쯤에는 나일 강 유역, 기원전 3000년쯤에는 인더스 강 유역 그리고 기원전 2500년쯤에는 다뉴브 강 유역, 지중해 서안, 러시아 남부까지 퍼져 나갔어.

　사냥을 해서 생활할 때만 하더라도 여러 사람이 함께 나누어 먹은 후 남는 잉여물이 없었어. 모두들 하루하루 입에 풀칠하기도 힘들었지. 잘사는 사람도 없고 못사는 사람도 없었어. 그야말로 평등 사회였지.

　하지만 농사를 지으면서 먹고 남은 곡식이 생긴 거야. 잉여 생산물이 생긴 거지. 그리고 그것을 누구에게 얼마나 나누어 주느냐 하는 문제가 생겼단다. 이때부터 개인이 자기만의 재산을 갖게 된 거야. 이것을 '사유화'라고 해. 사람들은 곡식뿐만 아니라 가축, 가구, 장식품, 도구 등 모든 잉여물을 사유화했어. 나아가 텃밭이나 택지와 같은 땅까지도 개인의 재산으로 삼았고, 그 사유화된 재산을 자식에게 물려주면서 점점 가진 자와 덜 가진 자가 분리되기 시작했단다.

　농업과 수렵을 함께 하는 농업 공동체는 사유 재산을 만들어 낸 것과 동시에 잘사는 사람과 못사는 사람, 다시 말해 계급을 만들었어. 맨 처음 농업 공동체는 50~300명의 사람들 가구 수로는 10~15가구 정도 로 이루어진 마을이었지. 수렵을 하던 때보다 생활이 조금 나아졌지만 인구가 늘어났기 때문에 크게 좋아지지는 않았어. 가뭄, 홍수, 전염병과 같은 자연재해 때문에 공동체는 위기를 맞기도 했지. 또 이 시기에는 인구가 늘어나면서 사람들 사이에 전염병이 쉽게 퍼져 평균 수명이 25세를 넘지 못했어.

 마을에서 힘이 있는 사람은 넓은 땅과 많은 가축을 갖게 되어 경제력과 권력이 커졌고 그 결과 지배 계급이 되었어. 반대로 경제력이 없는 사람은 지배를 받는 계급이 되었지. 수렵 사회는 가난하지만 계급이나 생활의 차이가 없는 평등한 사회였어. 하지만 농업 사회는 생활은 나아졌지만 빈부 차이가 있고 지배와 피지배 계급이 있는 불평등한 사회였단다.

세계 4대 문명 발상지

 우리가 알고 있는 4대 문명은 모두 농업 공동체에서 생겨났어. 잉여 생산물이 있었기 때문에 문명이 발생할 수 있었다는 거야. 하루하루 끼니 걱정을 해야 한다면 어떻게 문학이나 예술이 생겨날 수 있겠니? 일단은 먹고사는 기본적인 문제가 해결되어야 하잖아. 그러니까 농업 공동체 생활을 하면서 문명이 생겨날 수 있었던 거지.

도시와 국가의 발생

사람들은 농사를 짓고 가축을 키우기 위해 강 주변에 자리를 잡고 마을을 이루었어. 하지만 이곳에서는 물은 쉽게 구했지만 홍수나 가뭄이 일어나면 큰 위험에 빠질 수밖에 없었지. 그래서 사람들은 홍수와 가뭄에 대비하기 위해 수로를 만들거나 제방을 쌓았단다. 물론 이렇게 하면 훨씬 많은 농작물을 거둘 수도 있었지. 아주 큰 수로를 만들려면 여러 마을의 힘이 필요했어. 이것은 곧 국가가 만들어진 계기가 되었지.

메소포타미아, 이집트, 인더스 그리고 황허 강 유역에서 국가가 만들어진 예를 들어 볼게. 지금의 이라크 땅인 메소포타미아 지방은 티그리스와 유프라테스 강 유역이었어. 이곳은 튀르키예 동부 산악 지대에 쌓인 눈이 녹아내려 생긴 물 때문에 홍수가 자주 일어난 지역이야. 홍수 피해를 자주 입게 되자 도시를 다스리는 지도자들은 힘을 모아 수로를 만들기로 했어.

이미 여러 마을이 모여 도시 국가를 이루긴 했지만, 수로를 만드는 데는 더 많은 사람이 필요했고 자재를 나르기 위해서는 교통 시설도 필요했지. 이런 일을 조직적으로 하기 위해서는 도시 국가보다 크고 강한 국가가 나타날 수밖에 없었어.

메소포타미아의 여러 도시 국가를 통일한 바빌로니아 왕국의 함무라비 왕은 도시 바빌론을 중심으로 2만 6000평방 킬로미터의 밭을 개발해서 수로를 만들었어. 그는 함무라비 법전을 제정했는데, 중요한 수로는 왕이 직접 관리하고 나머지 작은 수로는 토지를 갖고 있는 사람이 관리할 의무가 있다고 쓰여 있단다.

> **함무라비 왕** ?~기원전 1750년. 나누어져 있던 바빌로니아를 통일해 큰 제국을 세웠으며 함무라비 법전을 제정했다.

수로를 정교하게 만드는 일은 무척이나 어려워서 뛰어난 기술을 가진 사람들뿐만 아니라 이들을 관리하는 감독자가 있어야 했어. 일꾼은 주로 농민과 수공업자 그리고 노예들이었고, 감독하는 사람은 지배자나 성직자 계급이었어. 수로 사업을 하면서 여러 가지 도구, 수송 기술, 측정 기술이 함께 발달했고 사람을 효과적으로 불러 모으고 활용하는 지혜와 지식도 익히게 되었지.

높이 2.25m의 검은 현무암에 쐐기 문자로 기록된 함무라비 법전

헤겔 1770~1831년. 독일의 철학자. 독일 관념론을 완성했다. 그가 주장한 변증법은 뒷날 마르크스에게 영향을 미쳤다. 지은 책으로는 《정신 현상학》, 《논리학》 등이 있다.

이렇게 기름진 강가를 중심으로 강한 국가가 생겨났는데, 그 땅은 모두 절대적인 권력을 가진 왕이 가지고 있었어. 백성들은 신분이 높든 낮든 왕의 지배를 받아야 했어. 지배하는 사람과 지배를 받는 사람이 뚜렷하게 구분되는 사회였지. 그래서 독일의 철학자 헤겔은 이런 사회를 가리켜 '한 사람만이 자유로운 사회'라고 말했을 정도란다.

이처럼 계급의 구별이 뚜렷한 사회에서는 계급에 따라 하는 일이 달라지지. 바빌로니아보다 앞서 있던 메소포타미아 지방의 도시 국가 수메르에서는 농민과 단순 노동자들이 생산물의 90퍼센트를 만들었어. 하지만 그들은 아무것도 가질 수 없었고 노예처럼 살아야 했단다.

수메르 고대 메소포타미아 남부에 살던 민족 또는 그 지역을 가리킨다. 티그리스, 유프라테스 강을 끼고 이루어진 지방으로서 땅이 기름져 기원전 3000년경 세계 최고의 문명을 창조했다. 오늘날의 이라크 지방이다.

또 이집트에는 왕족, 사제, 귀족과 중간 계급인 서기, 상인, 장인 그리고 많은 수를 차지하는 농민이라는 다섯 계급이 있었어. 한때는 직업 군인이 여섯 번째, 노예가 일곱 번째 계급에 속하기도 했단다. 노예들은 국가에서 관리하는 채석장이나 신전의 영지에서 강제로 일했으며 사람들에게 심한 멸시를 받았어.

고대 왕국은 오늘날 공산주의 국가의 *계획 경제와 비슷하게 운

*계획 경제 국가의 뜻에 따라 경제가 계획적으로 움직이는 구조를 말한다.

영되었어. 지배자는 국가 전체의 생산 활동에 대한 계획을 세우고, 피라미드를 세우거나 정복 전쟁 등과 같은 국가사업을 중심으로 자원을 나누었어. 사실상 국가는 가장 큰 고용주였지. 그러나 상인들 가운데에도 몇몇은 자신의 사업체를

이집트 문명의 대표 유적지인 〈기자 피라미드〉

갖고 있었고, 어떤 상인들은 자신의 가게를 갖기도 했어. 하지만 언제나 개인의 일보다는 전쟁이나 신전을 세우는 일이 먼저였지. 정복 전쟁을 치르기 위해서 왕은 상인들이 갖고 있는 사업체를 언제라도 모조리 빼앗을 수 있었기 때문이야.

4대 문명에서 생긴 국가는 뒷날 그리스를 중심으로 나타난 도시 국가와는 성격이 아주 많이 달라. 그리스 도시 국가는 서양 문명의 뿌리가 되는데, 백성들이 자신의 땅을 가질 수 있었고 민주 정치 제도의 전통을 갖고 있었어. 이렇게 동양과 서양은 시작부터 큰 차이가 있었지.

개인 소유권의 뿌리

메소포타미아 문명을 일군 사람들은 기원전 3500년쯤 티그리스와 유프라테스 계곡 하류에 자리잡은 수메르 사람들이야. 그들은 열 개가 넘는 독립된 도시 국가를 이루고 살았어. '수메르'는 농사짓는 땅을, '수메르 인'은 농사짓는 사람을 뜻하지.

수메르 사람들은 농업 다음으로 상업을 중요하게 여겨 주변에 있는 모든 지역과 활발하게 무역을 했단다. 이곳에는 인도와 시리아의 목재, 아라비아의 조미료, 페르시아의 금속과 석재, 이집트의 황금 등 없는 게 없을 정도로 국제 무역의 중심지였어.

수메르 사람들은 동이집트와 인도에서 금을, 타우리스에서 은을 수입해 가공한 다음 여러 가지 장식품을 만들어 다시 여러 나라에 팔았단다. 그들은 금속을 녹여 *주조하거나 세공하는 기술이 뛰어났거든.

*주조 녹인 금속을 거푸집에 부어서 형체가 있는 물건으로 만드는 것

오늘날에도 많은 나라가 수메르처럼 원자재를 수입해 가공한 상품을 다른 나라에 수출해서 외화를 벌어들여. 예를 들어 철광석을 팔면 돈을 많이 벌 수 없지만, 그것을 *제련해 여러모로 쓸 수 있는 철을 만들어 수출하면 많은 돈을 벌 수 있어. 가공하면 할수록 가치를 높일 수 있기 때문이지.

메소포타미아 지역은 평야였기 때문에 철이나 목재 그리고 건물을 짓는 데 필요한 석재 등의 천연자원을 구할 수 없었어. 그래서 다른 나라와 교역을 해야만 했지. 수메르 상인들은 양모, 옷감, 화려한 옷, 나무로 만든 가구, 도자기, 악기, 금은 세공품, 화장품, 향수 등을 레바논의 삼나무, 누비아의 석탄 등 메소포타미아에서 구하기 어려운 자원과 바꾸었어.

기원전 3000년 무렵부터 수메르 사람들은 교역로를 표시하기 위해 돌비석을 세우기 시작했단다. 돌비석은 오늘날의 표지판이나 이정표 같은 역할을 했지. 이 교역로는 이집트 땅인 시나이 반도와 인더스 유역은 물론 아시아 대륙을 가로질러 중국에까지 이어졌을 것으로 추측한단다. 이렇게 긴 교역로는 상인들이 거쳐 가는 도시의 이정표였고, 바닷길을 이용하는 상인들이 정기적으로 드나들었던 항구의 표지판이었어.

수메르 상인들은 바닷길뿐만 아니라 육로도 많이 이용했어. 육로로 물건을 옮길 때는 소나 말이 끄는 바퀴 두 개 달린 마차를 주로 사용했어. 튼튼한 나무 세 조각을 연결해서 만든 바퀴는 매우 중요한 발명품이야. 바퀴를 써서 물건을 옮기는 경우와 그렇지 않은 경우

***제련** 광석을 용광로에서 녹여 안에 들어 있는 금속을 빼내는 일

를 견주어 보렴. 도구가 얼마나 생산성을 높일 수 있는지 금방 알 수 있을 거야.

수메르 사람들이 상업 활동을 활발히 했다는 것을 증명해 주는 회계 장부와 계약 문서로 쓰인 점토판이 오늘날까지 전해 오고 있어. 이것은 현재까지 남아 있는 가장 오래된 문서란다. 뿐만 아니라 교역에 투자한 사람이 갑작스러운 사고로 큰 손해를 입는 것을 막기 위해 해상 보험 제도도 마련되어 있었대. 정말 대단하지?

무역을 할 때는 화폐를 쓰고, 특히 소유권을 밝히기 위해 도장을 쓰기 시작한 것도 이때부터야. 도장은 자신의 소유물임을 밝히기 위한 표시이기 때문에 도장이 나타났다는 것은 물건을 사고팔 때 계약서를 썼다는 사실을 뜻하지.

수메르 사람들은 누구한테 양을 몇 마리 받았다는 영수증이나 누구한테 땅을 얼마에 얼마만큼 사들였다는 계약서를 점토판에 써서 차곡차곡 쌓아 두었어. 왜 하필 점토판에 썼냐고? 수메르에는 점토가 흔한 데다가 점토판에 쓴 것은 썩거나 없어

점토판에 새겨진 쐐기 문자

지지 않아 오래 보관할 수 있었기 때문이야. 그들은 단순히 계약서에 사고판 물건과 가격 그리고 여러 증인의 이름과 공증인의 이름만 기록한 게 아니라, 계약을 지키지 않으면 보상금을 내야 한다는 사실도 써 두었단다.

수메르 사람들은 이런 내용을 쐐기 문자로 써서 남겼어. 쐐기 문자는 중세 시대의 라틴어와 오늘날의 영어처럼 그 지역 국가의 국제어였지.

해양 교역의 나라, 페니키아

대서양을 중심으로 대항해 시대가 시작되기 전까지 유럽의 중심지는 지중해였단다. 맨 처음 상업 중심지가 된 곳은 그리스 남부, 지중해 가운데 있는 크레타섬이었어. 크레타섬은 땅이 기름지고 날씨가 따뜻했지만 농사지을 수 있는 곳은 아니었단다. 인구가 늘어나자 새로운 생계 수단을 찾아야 할 정도였지. 다른 곳으로 옮겨 가는 사람도 있었지만 거의 모든 사람들은 크레타섬에 남아서 수출할 수 있는 상품을 생각해 냈어.

그들이 수출한 상품은 포도주, 올리브 기름, 도자기, 보석, 칼 그리고 솜씨 좋은 장인들이 만든 물건이었어. 수입한 것은 주로 식량과 금속 제품이었지.

크레타 사람들은 기원전 1600년 무렵부터 올리브를 키우고 커다란 배를 만들었어. 이것은 무역을 활발하게 하는 발판이 되었지. 덕분에 크레타의 수도인 크노소스에 아주 큰 왕궁을 짓기도 했단다.

크레타 사람들의 뒤를 이어 지중해 상업의 주도권을 잡은 것은 페니키아 사람들이야. 그들은 처음으로 먼 거리를 항해했고, 여러 곳의 물품을 교류하는 중개 무역을 했지. 이집트와 바빌로니아의 문명을 연결해 준 주인공이기도 해. 하지만 페니키아 사람들이 처음부터 활발하게 교역을 한 것은 아니야. 그들은 지금의 레바논 지역 바닷가를 따라 펼쳐져 있는 좁은 평원과 해안 동쪽에 솟아 있는 험한 곳에서 살았어. 그렇기 때문에 농업만으로는 필요한 식량을 구할 수 없었고, 어업과 상업을 시작할 수밖에 없었어.

다행히 레바논에서 나는 삼나무는 그윽한 향기를 풍겨 '향백'이라고 부를 만큼 아름답고 기품이 있었어. 게다가 레바논 삼나무는 바다 벌레에 강하고 잘 썩지 않았지. 또 단단했기 때문에 이집트와 메소포타미아의 신전이나 왕궁을 짓는 재료로 인기가 있었단다. 이집트에서는 미라를 넣는 관을 만드는 데 쓰기도 했고, 배를 만드는 데도 쓰였어.

페니키아 사람들은 삼나무만 수출한 게 아니었어. 따뜻한 날씨 때문에 농작물과 포도나무, 무화과를 키울 수 있었고, 연체동물과 고둥에서 자주색 염료를 뽑아내는 기술도 갖고 있었거든. 그때는 자주색으로 염색한 옷감을 귀하게 여겼기 때문에 다른 나라 사람들은 페니키아 사람들의 염색 기술을 무척 부러워했지. 자주색 때문에 페니키아 사람들을 '붉은 사람들'이라는 뜻의 '푸치니'라고 부르기도 했단다.

그들은 북극성을 기준으로 삼아 항해했는데, 그 기술을 알게 된 그리스 사람들은 북극성을 '페니키아인의 별'이라고 불렀어.

페니키아 사람들은 에게해를 거쳐 흑해까지 나아갔어. 흑해에서는 참치와 정어리를 많이 잡았는데, 이때 이미 생선을 소금에 절여 보관하는 방법을 알고 있었지. 페니키아의 항해자들은 흑해를 지나 카프카스에 이르러서 금, 은, 납이 많이 있는 광산을 발견했어. 그들은 그것을 낙타에 싣고 육로로 시리아와 아르메니아를 지나 페니키아까지 나르기도 했단다.

이처럼 페니키아 사람들은 돈이 되는 것이라면 무엇이든 사고팔아 큰돈을 벌었지만 그들의 욕심은 끝이 없었어. 그래서 지중해 서쪽 상류 지방으로 눈을 돌려 먼저 몰타를 차지했고, 이후 시칠리아와 코르시카를 점령했지.

그뿐만 아니라 페니키아 사람들은 오늘날 스페인과 아프리카가 만나는 지역인 좁은 지브롤터 해협을 지나서 북쪽으로는 영국까지, 남쪽으로는 아프리카의 시에라리온까지 항해했단다.

에스파냐에만 열 군데의 물품 창고를 두었는데, 창고가 있던 곳은 큰 도시가 되었어. 기원전 1100년 무렵에는 말라가, 알헤시라스, 지브롤터, 카디스, 마르세유 등의 도시가 생겨났단다.

기원전 1200년 무렵부터 페니키아는 식민지를 만들기 시작했어. 본국에서 건너온 페니키아 사람들이 식민지를 다스렸지. 이렇게 곳곳에 흩어져 있는 식민지들은 페니키아 선원에게 쉴 곳을 마련해 주고 물품을 대는 역할을 했어.

그 가운데서도 시돈과 카르타고가 유명했는데, 카르타고는 뒷날 로마와 겨룰 정도로 크게 번성했지만 한니발 장군이 전쟁에서 지는 바람에 로마에 정복당했단다.

한니발 장군 기원전 247~183년. 카르타고의 장군. 기원전 218년 제2차 포에니 전쟁을 일으켜 로마군을 크게 무찔렀다. 그러나 그 뒤 자마의 싸움에서 로마 군에게 크게 졌고 스스로 목숨을 끊었다.

이렇게 번성하던 페니키아도 그리스와 로마의 세력이 커지면서 점차 쇠퇴하기 시작했어. 기원전 1000년쯤까지만 해도 페

〈칸나에 전투에서의 한니발 바르카〉 한니발은 이 전투에서 로마 군을 전멸시키고 영웅으로 떠오르지만 결국 로마의 스키피오 장군에게 지고 만다.

니키아 사람에게 상권을 빼앗겼던 그리스 사람들이 기원전 600년쯤에는 에게해와 이오니아해에서 페니키아 사람들을 몰아내기에 이르렀지.

페니키아 사람들이 인류에게 남긴 유산 중에 가장 뛰어난 것은 바로 알파벳이야. 알파벳은 이집트 사람들에게 몇 개의 그림을 빌려 오고, 수메르 사람들의 쐐기 문자를 몇 가지로 줄여 만들어진 문자야. 합리적이고 실용적이었던 페니키아 상인들은 글씨를 쓰는 데 시간이 오래 걸리는 수메르 문자가 무척 불편해서 참을 수 없었을 거야. 페니키아 사람들이 만든 24개의 간편한 알파벳은 그리스에 전해졌고, 다시 로마 사람들을 거쳐 서유럽에 알려지면서 세계어로 자리잡았어. 이렇게 상업이 발달하면 문자도 함께 발달한단다. 상

업을 하려면 계산과 계약이 필요하기 때문에 문자 없이는 이루어지기 힘들거든.

고대에는 주로 중개 무역이 이루어졌어. 중개 무역이란 자신이 노력해서 만들어 낸 물품을 파는 게 아니라 여러 지역의 특산물을 사서 다시 파는 방식이야. 그런데 주로 사치품을 다루었기 때문에 공업을 발달시키는 데는 별 도움이 되지 못했어.

기원전 8세기~4세기

고대 그리스·로마의 영광

기원전 8세기, 그리스 사람들은 발칸 반도와 소아시아 연안의 분지나 좁은 평야에서만 재배하던 올리브를 여러 지역에서 재배하게 되었단다. 올리브를 재배하던 지역을 중심으로 작은 도시를 만들었는데, 이 도시를 폴리스라 했어. 폴리스가 만들어진 과정은 앞에서 본 4대 문명에서 국가가 만들어지는 과정과는 아주 다르단다.

그리스 사람들이 이룬 최초의 사회는 씨족 공동체였지. 곧이어 몇 개의 씨족 공동체를 모아 부족 공동체를 만들었어. 그리스 사람들도 처음에는 자급자족하다가 다른 공동체처럼 공동의 땅에서 공동 생산을 했지.

그런데 한 가지 특별한 것은 부분적으로나마 자기 땅을 가질 수 있다는 점이었어. 개인이 땅을 가질 수 있다는 사실은 대단히 중요한 뜻을 지니고 있어. 이 점이 바로 서양 문명과 동양 문명의 차이

점이거든. 동양에서는 왕과 지배 계급만이 땅을 가지고 있었지만, 서양에서는 부분적이긴 하지만 개인이 땅을 갖는 것을 일찍부터 인정했지.

옛날에는 땅이 유일한 생산 수단이나 마찬가지였는데 왕과 지배 계급만이 갖고 있었으니 백성들은 그들의 명령에 따를 수밖에 없었지. 그래야 목숨을 이어 갈 수 있었거든. 반면에 그리스 사람들은 땅을 가질 수 있었으니까 그만큼의 자유를 누릴 수 있었던 것이고, 왕과 지배 계급에도 맞설 수 있는 힘이 있었다는 것을 의미해. 앞에서 설명한 것처럼 개인이 자기 재산을 가질 수 없으면 자유롭지 못하거든. 그래서 '재산'이란 개인의 자유라고 생각해.

너희가 열심히 공부하는 이유 가운데 하나도 자기 재산을 갖기 위해서잖아. 지적 재산 말이야. 지적 능력이 얼마나 큰 재산인지는 굳이 설명하지 않아도 알 거야. 예전에는 땅만이 재산이었지만 지금은 헤아릴 수 없을 정도로 많은 것들이 재산이 될 수 있어. 어떤 일을 할 수 있는 능력을 지적 재산이라고 해. 그러면 지적 재산에는 어떤 것이 있을까? 법률 지식, 의학 지식, 회계 지식을 비롯한 여러 가지의 형태가 있어. 그러나 교육을 받지 않은 사람은 육체적 노동력을 갖고 있을 뿐 지적 재산은 갖기 힘들겠지?

다시 고대 그리스 사회로 돌아가 보자.

인구가 늘어나고 생산 기술이 발달하면서 개인이 땅을 갖는 제도는 자리를 잡아 갔는데, 시간이 지날수록 더욱 많은 땅을 가지려는 사람이 생겨났어. 반대로 땅을 잃는 사람도 생겨났는데, 그들은 노예

가 되어 비참한 생활을 했단다.

그러다가 기원전 1000년부터 그리스에 많은 수의 폴리스가 생기기 시작했어. 폴리스는 높은 언덕을 중심으로 발전했는데, 언덕 위에는 신에게 제사 지내는 '아크로폴리스'가 있었고 언덕 밑 도시 가운데에는 '아고라'라는 광장이 있었어. 이 광장에는 늘 시장이 열려서 사람들이 많이 모였지.

도시라고는 하지만 폴리스도 처음에는 농사짓는 일이 주업이었어. 그러다가 기원전 8세기 무렵부터 수공업이 발달했고 식민지를 만들기 위한 활동도 활발하게 펼치기 시작했지.

바다에 강하다는 그들의 장점을 살려 지중해와 흑해로 나아가 소아시아와 해상 교역을 했어. 대리석과 돌이 잔뜩 깔려 있는 그리스의 언덕에서는 올리브와 포도를 키우기는 좋았지만, 다른 작물을 재배하기에는 알맞지 않았거든. 그래서 땅이 기름진 소아시아에서 필요한 농산물을 수입하는 처지였지. 주로 그리스의 올리브, 포도주, 청동 무기를 팔아서 소아시아의 농산물을 사 오는 식이었지. 아테네는 식량의 3분의 2를 수입할 정도였단다.

당시 아테네가 올리브를 키우게 된 사연에 얽힌 재미있는 신화가 있단다. 옛날 아테네 지역에 살던 사람들이 '올림포스의 열세 신 가운데 가장 쓸모 있는 선물을 가져오는 신을 수호신으로 삼겠다.'고 하자 전쟁과 지혜의 여신 아테나가 올리브 나무를, 바다의 신 포세이돈이 바닷물을 가지고 와서 경쟁한 끝에 아테나가 이겨 도시 이름을 아테네로 지었다고 해. 그래서 이때부터 그리스 사람들은 올리브 나무를 재배하기 시작했다는 거야.

당시 그리스의 폴리스 수는 1000개가 넘었어. 폴리스는 직접 선거를 해서 지도자를 뽑고 정책에 대해 설명하고 찬성과 반대 의견을 물을 수 있는 아주 작은 도시라고 생각하면 돼. 교역의 중심일 뿐만 아니라 농민들이 적으로부터 자신을 지키는 곳이었지.

인구가 늘어나면서 폴리스 시민들은 흑해, 에게해, 동지중해 주변으로 나아가 식민 도시를 만들었는데 오늘날의 이스탄불,

전쟁과 지혜의 여신 아테나

나폴리, 마르세유, 모나코 등이 그리스의 식민지였어.

폴리스 가운데에서 가장 대표적인 곳은 상업을 주로 하는 아테네와 농업을 주로 하는 스파르타였지.

그러면 아테네의 경제 활동은 어떻게 이루어졌을까? 앞에서도 말했지만 경제적으로 여유가 있어야 문명이 발달하는데, 그리스의 경우에는 식민지가 큰 역할을 했지. 그리스 사람들은 식민지와 교역을 하면서 식민지에서 필요로 하는 상품을 만들어 내는 공업을 일으켰고, 식민지에서 데리고 온 노예들에게 일을 시켰지. 반대로 식민지에서는 그리스에 곡물과 식량을 충분히 대 주어야 했어. 그러다 보니 그리스의 도시 국가는 상공업이 발전하고 식민지는 농업이 발전했지. 처음에는 다른 나라에서 온 사람들이 주로 상공업을 도맡아 했고, 농업이나 광업, 제조업은 주로 노예들이 맡아서 했어.

시민권을 갖고 있는 아테네 사람들은 명예와 평판을 중요하게 생각했기 때문에 상업이나 공업을 높이 평가하지 않았단다. 그들은 정치에 대해 이야기하는 것을 가장 멋진 일로 여겼으니까 말이야.

노예들이 직접 장사를 할 때는 주인이나 주인 대신 내세운 사람의 감독을 받았어. 때로는 뛰어난 노예들이 주인의 믿음을 얻어 대신 꾸려 가기도 했어.

아테네는 은 광산에서 많은 수입을 얻었어. 물론 은 광산에서 일하는 사람들은 대부분 노예였지. 아티카 반도 남쪽에 있는 라우레이온 산의 은광에서는 1000여 명의 노예가 일했다고 해. 제조업에서도 노예가 큰 역할을 했어. 외국인 형제가 운영하던 방패 공장에서는 120명의 노예가 일했다는 기록이 전해져 내려오기도 한단다.

시간이 흐르면서 그리스 사람들은 적극적으로 상업에 뛰어들었어. 이렇게 부를 쌓은 새로운 상공업 계급은 귀족들과 다툼을 벌이면서 좀 더 많은 자유를 원했지. 농업 중심의 사회에서 상공업 중심의 사회로 발전해 가면서 여러 가지 변화가 일어나기 시작한 거야.

화폐의 등장

헤로도토스 기원전 484~430년. 그리스의 철학자이자 역사가로, '역사의 아버지'로 불린다.

그리스의 폴리스와 식민지 사이에 교역이 활발하게 이루어졌다는 사실은 기원전 500년경 헤로도토스가 남긴《역사》라는 책을 보면 잘 알 수 있어.

기원전 6세기 무렵, 소아시아의 중심부를 차지하고 있던 리디아의 수도는 사르디스였지. 사르디스는 *사금이 많이 나는 곳이었어. 또한 리디아에는 '하얀 금'이라 불리는 일렉트럼도 많았는데, 이 금속은 금 3분의 2에 은 3분의 1로 이루어졌지. 사르디스는 그리스, 에게해, 유프라테스강 그리고 더 멀리 아시아까지 이어져 있었어. 길이가 2700킬로미터나 되었으며, 동서를 잇는 큰

***사금** 물가나 물 밑의 모래에 섞인 금

길에 걸쳐 있어 교역이 활발하게 이루어졌단다.

사르디스에는 고기와 곡식, 보석과 악기 등 다양한 물건을 파는 작은 가게들이 모여 시장을 이루었는데 늘 수많은 사람들로 시끌벅적했어. 헤로도토스는 리디아 사람들을 '우리가 아는 한 가장 처음 금화와 은화를 만들어 쓴 사람들이며 최초의 소매상인이었다.'라고 썼단다.

기원전 7세기 초 리디아의 화폐는 '일렉트럼 코인'이라고 불리는 콩 모양의 일렉트럼 덩어리였어. 이 화폐는 크기와 무게가 똑같지 않았을 뿐 아니라 몹시 무거웠어. 또 가치를 나타내는 표시도 없었지. 당시 리디아의 왕이었던 기게스 왕은 오직 국가만 일렉트럼 화폐를 만들 수 있도록 정했단다. 오늘날 국가가 독점으로 화폐를 만들게 된 시초라고 할 수 있겠지?

기게스 왕 이후로 일정한 크기의 둥근 일렉트럼 덩어리에 가치를 표시해 찍어 냈는데 그것이 오늘날의 동전이나 주화의 시초란다. 주화는 그리스를 향해 서쪽으로 빠르게 퍼져 나갔고, 얼마 되지 않아 지중해 지방 전체에 퍼져 교역에 꼭 필요한 것으로 자리잡았어.

일렉트럼 코인

크로이소스 금화

리디아 사람들이 주화를 맨 처음 만들었다면, 그리스 사람들은 주화를 예술적으로 만들었다고 할 수 있지. 그리스 사람들은 화폐를 디자인할 때도 예술적인 감각을 발휘했거든. 역사가들은

크로이소스 ?~기원전 546년. 그리스 도시를 정복하고, 사금으로 교역을 해 전성기를 누렸다. 그림은 아테네의 개혁자 솔론이 크로이소스를 찾아와 이야기를 나누고 있는 장면을 나타낸다.

주화가 나타난 때를 기원전 687~기원전 635년이라고 추측하지.

리디아의 마지막 왕 크로이소스는 금화를 만들어 냈어. 금화 한쪽 면에는 사르디스 시의 문장인 사자와 황소의 앞모습을, 다른 쪽 면에는 화폐의 가치를 나타내는 직사각형과 정사각형을 조각해 각인을 찍었어. 그리고 은화도 만들었지. 금과 은의 가치를 10대 1로 정하기도 했단다. 크로이소스가 만든 금화와 은화는 그리스를 비롯해 소아시아 모든 지역에서 널리 쓰였어.

그렇다면 화폐를 쓴다는 것이 왜 중요할까?

물물 교환과 마찬가지로 무거운 금이나 일렉트럼을 가지고 일일이 순도와 무게를 잰다고 생각해 봐. 무척 불편하겠지? 안정된 화폐는 상거래와 사람들의 움직임을 활발하게 할 뿐 아니라 생활 수준을 높이는 데도 큰 역할을 한단다.

그러나 최초의 주화를 만들 정도로 똑똑했던 크로이소스 왕도 페르시아와 벌인 전쟁에서는 바보짓을 하고 말았어. 장군들의 도움이 아니라 신탁의 예언에 따라 페르시아와 전쟁을 일으켰다가 멸망했거든. 크로이소스에게 이긴 페르시아의 키루스 왕과 그의 후계자 다리우스 1세는 크로이소스의 국제적인 화폐 제도를 받아들여 페르시아 전체에서 쓰게 했어. 그가 만든 주화의 앞면에는 다리우스 자신의 초상을, 뒷면에는 주화 단위인 다릭을 찍었지.

다리우스 주화

다리우스 1세가 만든 주화는 발트해에서 아프리카에 이르는 지역과 중앙아시아 모든 지역에서 발견될 정도로 널리 쓰였단다.

페르시아는 세금을 화폐로 받는 제도를 제일 먼저 실시한 나라야.

하지만 그토록 강했던 페르시아도 기원전 331년 이수스 전투에서 알렉산더 대왕에게 멸망하고 말았지. 이집트에서 인도에 이르는 부채꼴 모양의 지역에 70개가 넘는 도시를 세운 알렉산더 대왕은 정복 전쟁을 벌여 풍부한 금광, 은광 그리고 엄청난 보물을 손에 넣었어. 그

알렉산더 대왕 기원전 356~기원전 323년. 마케도니아의 왕. 왕이 된 뒤 중앙아시아와 인도에 이르는 커다란 제국을 세웠다. 그 덕분에 동양과 서양의 교류가 활발히 이루어졌다.

는 금과 은의 가치를 10대 1로 정하고, 금화와 은화를 만들었어. 이 화폐는 인도에서부터 그리스 대부분의 지역은 물론 이집트까지 널리 쓰였단다.

마케도니아를 멸망시킨 플라미니우스는 승리를 기념하기 위해 필리포스 5세가 바친 공물 가운데 몇몇을 자신의 초상을 새긴 금화로 바꾸었어. 살아 있는 사람의 모습이 로마 주화에 나타난 것은 이

때가 처음이야. 한편 로마 사람들은 오랫동안 금속으로 만든 화폐를 써 왔단다.

오늘날 돈이란 뜻의 영어 머니money의 어원도 살펴보면 재미있단다. 기원전 390년, 신전 주위에 살고 있던 거위들이 시끄럽게 울어대서 갈리아 사람들이 공격해 온 사실을 알려 준 일이 있었대. 로마 사람들은 그것에 감사하는 뜻에서 경고의 여신에게 바치는 성전을 지었는데, 그 여신의 이름이 모네타Moneta였어. 이 이름에서 '돈money'과 *'조폐국mint'이 나왔다고 해.

로마의 세력이 넓어지면서 점점 더 많은 주화가 필요했지. 하지만 주화를 만들 수 있는 금과 은이 충분하지 않았어. 게다가 부족한 금 가운데에서도 몇몇은 향료를 사기 위해 인도로, 비단을 사기 위

＊**조폐국** 화폐를 만드는 곳

해 중국으로 흘러가 버려서는 돌아오지 않았어.

그러다 보니 로마가 전성기를 지날 때쯤에는 '통화의 타락' 현상이 일어나게 되었어. 주화의 가치는 그대로 둔 채 주화에 들어가는 금속의 양을 줄이거나 가치가 떨어지는 비금속을 섞어서 주화의 *순도를 낮춘 거지. 이런 방법으로 같은 양의 금이나 은으로 더 많은 주화를 만들었어. 이런 방법은 잠시 사람들을 속일 수 있었을 뿐, 그리 오래가지 못했지.

260년 갈리에누스 황제 때 은화에 들어 있는 은의 양은 그보다 250년 전의 아우구스투스 황제 때에 비하면 겨우 60퍼센트밖에 되지 않았어. 이렇게 갈리에누스 황제가 주화를 가지고 속임수를 부린 다음부터 34년 동안 물가는 해마다 9퍼센트가 넘게 올랐어. 그의 뒤를 이은 디오클레티아누스 황제는 왕의 자리에 오른 284년부터 304년까지 20여 년 동안 *인플레이션을 잡기 위해 노력했어. 304년의 물가가 260년의 물가보다 20배나 올랐다고 하면 어느 정도였는지 알겠지?

아우구스투스 기원전 63~기원후 14년. 로마 제국의 제1대 황제. 레피두스, 안토니우스와 함께 로마를 다스리다가 안토니우스를 무찌르고 왕이 되었다. 학술을 장려해 문화적으로 황금시대를 이루었다.

화폐의 가치를 떨어뜨리는 일이 얼마나 위험한지 알게 된 디오클레티아누스 황제는 296년에 금과 은을 만드는 기술, 다시 말해 연금술을 다룬 고대의 책을 모아서 조사한 뒤 모두 태워 버렸다고 해.

* **순도** 어떤 물질에서 주성분이 차지하는 비율
* **인플레이션** 팔리는 상품의 양보다 사려는 사람의 수가 더 많을 때 그 상품의 가격이 올라간다. 곧 화폐의 가치가 떨어진다는 말이다. 이것을 '물가가 오른다'라고 하는데 아주 짧은 시간에 빠른 속도로 가격이 오르는 것을 인플레이션이라 한다.

화폐의 가치가 떨어지면 사람들은 화폐에 대해서 믿음을 갖지 않거든. 그렇게 되면 물물 교환을 더 좋아하고, 화폐를 장롱 속에 꼭꼭 숨겨 두지. 그러면 시중에는 질 나쁜 화폐만 돌아다니는 거야. 화폐의 가치가 떨어지면 같은 물건이라 하더라도 예전보다 더 많은 화폐를 지불해야만 살 수 있단다. 자연스럽게 물건값이 오른다는 이야기야. 그래서 사람들은 거래할 때 화폐보다는 다른 물건으로 받기를 원해. 원시 시대로 돌아가는 것과 마찬가지로 말이야.

이런 문제는 오늘날에도 고스란히 안고 있어. 그래서 지금도 통화 가치를 안정시키기 위해 노력하고 화폐를 위조하는 사람들을 엄하게 처벌한단다. 너희도 이따금 시중에 돈이 너무 많이 풀렸다든지, 통화량이 늘어나서 걱정이라는 말을 들어 본 적 있을 거야. 화폐의 양이 늘어나면 그만큼 화폐 가치가 떨어지지. 그러면 물건값이 계속 오르는 인플레이션이 일어나.

로마 사람의 경제 활동

이탈리아반도는 그리스반도에 비해 평야가 많아서 로마는 처음 나라가 생길 때부터 농업 국가였어. 따라서 땅을 얼마나 가지고 있는지가 신분을 결정하는 중요한 기준이었지. 로마 사람들도 그리스 사람들처럼 상업을 천하게 여겼고, 계급이 낮은 사람이나 노예가 하는 일이라고 생각했어.

기원전 7세기 무렵에 세워진 로마는 기원전 5세기 이후가 되면서 크게 발전해 평민 수가 늘어나고, 귀족처럼 경제력을 가진 사람도 생겨났어. 이와 함께 자유 농민을 중심으로 만들어진 *중장 보병대가 기병을 대신해 전투에 나가 중요한 자리를 차지했어.

땅을 둘러싸고 계급 사이에 싸움이 벌어졌지만 기원전 3세기까지 로마에서는 중장 보병 위주의 민주정이 성립되었지. 그러나 아테네처럼 민회가 완전한 주권을 갖고 있는 민주 정치는 아니었어.

***중장 보병대** 칼이나 창, 방패를 들고 걸어다니며 전투를 벌였던 병사 집단

좋은 집안에서 태어난 귀족이 지위를 독차지하는 원로원이 권력을 쥐었지.

이때까지만 해도 비교적 중소 자유 농민들이 버티고 있어서 빈부 차이에 따른 중대한 사회 문제가 생기지는 않았어. 그러나 기원전 3세기 이후, 로마가 지중해까지 땅을 넓히면서 경제 사정이 크게 달라졌고 계급 사이의 대립이 심해졌지. 그 와중에서도 로마는 두 차례에 걸친 포에니 전쟁을 통해 기원전 146년 카르타고를 멸망시키고 이탈리아반도를 완전히 통일했어.

로마는 기원전 168년부터 적극적으로 땅을 넓혀 나갔는데 브리타니아, 다키아, 메소포타미아, 아라비아 북부, 북아프리카 등을 손에 넣으면서 이들을 속주로 만들어 버렸지. 왕이 다스리는 제정 시대에는 속주를 원로원이 다스리는 주와 황제가 직접 다스리는 주로 나누기도 했어.

이렇듯 로마가 이탈리아반도를 통일하고 지중해로 나아가 많은 속주를 차지하는 데는 중소 토지를 가진 농민으로 이루어진 중장 보병의 공이 컸어. 그러나 전쟁터에서 돌아온 자유 농민들은 오히려 큰 피해를 보고 말았어. 여러 속주에서 나온 값싼 곡물 때문이었지.

평민들이 오랫동안 병사로서 전쟁터에 나가 싸우는 동안 농사를 짓는 땅은 거칠어졌지. 전쟁터에서 돌아온 병사들은 땅을 잃어 재산이 없는 시민, 다시 말해 *프롤레타리아가 되고 말았어. 지배층 가운데 몇몇은 공유지와 중소 농민에게 빼앗은 땅을 합해 *라티푼디움을 만들기도 했지. 그리고 다른 나라에서 데려온 노예를 써서

*프롤레타리아 고대 로마에서는 최하층 계급을 뜻하는 말이었으나 현재는 자신의 노동력만으로 생활을 이어 나가는 노동자 계급을 말한다.

*라티푼디움 고대 로마의 대토지 소유 제도를 가리킨다. 대농장이라는 의미로도 쓰인다. 로마가 이탈리아반도를 정복하면서 차지한 땅을 힘 있는 사람들이 개인 재산으로 가지게 되었고 노예들에게 일을 시켜 운영해 나갔다.

과일나무를 키우거나 가축을 기르며 라티푼디움을 꾸려 나갔어.

로마의 노예 제도는 기원전 2세기쯤 라티푼디움의 성장과 함께 빠르게 발전했지. 정복 전쟁에서 잡은 포로를 노예로 삼았는데, 포에니 전쟁에서 카이사르의 갈리아 정복까지 몇백만 명이나 되는 노예가 수입되었단다. 기원전 2세기부터 1세기 동안의 노예의 수는 100만~150만 명에 이르렀어. 당시 이탈리아 인구가 400만 명이었으니 대단한 숫자였지. 그리고 기원전 100년 무렵 로마 시의 인구는 120만 명이었는데 그 가운데에서 노예가 40만 명이었어. 이것만 보아도 로마에서 노예 제도가 얼마나 큰 위치를 차지했는지 알 수 있지.

로마도 아테네와 마찬가지로 노예를 상품처럼 사고팔았어. 로마의 사유 노예 가운데는 요리사, 이발사, 가정 교사 등도 있었지만 대부분은 농업 노예, 광산 노예, 검투사였어. 이 밖에도 비교적 자유를 누리며 상업과 의류 또는 귀금속 등에 관계된 일을 하는 노예도 있었지. 주인이 세상을 떠나면서 노예를 해방시켜 주는 일도 있었고, 노예가 차곡차곡 저금한 돈으로 자유 신분을 사는 경우도 있었어.

그런데 로마 제국이 더 이상 정복 전쟁을 할 수 없자 노예가 부족해지고 그에 따라 노동력도 부족해졌지. 게다가 노예를 사람이 아니라 짐승처럼 여겼기 때문에 생산성이 점점 떨어질 수밖에 없었어. 열심히 일해도 손에 아무것도 쥐어지지 않는데 누가 열심히 일하겠어? 이렇게 노예제 농업은 중소 농민을 억눌러 무너뜨렸고, 몇몇 힘 있는 사람들이 땅을 독차지하면서 로마에 큰 사회 문제를 일으켰단다.

> **팍스 로마나** 고대 로마가 지중해를 지배하며 가장 번성했던 시기. 1~2세기를 가리키며 황제 다섯 명이 다스리던 시대를 말하기도 한다.

로마 시대에서 가장 평화로웠던 시기는 아우구스투스 황제 때였어. 이 시기를 팍스 로마나라고 부르기도 하는데, 로마가 지켜 준 덕분에 교역이 활발하게 이루어졌고 사람들은 자유롭게 옮겨 다녔단다. 이것을 가능하게 한 훌륭한 도로 시스템도 갖추고 있었어.

또한 인구가 많이 늘어나 전성기 때 로마 제국의 인구는 6000만 명 내지 1억 명에 이르렀던 것으로 추측해. 인구가 늘어남에 따라 교역이 활발히 이루어지면서 사람들의 생활 수준도 크게 높아졌어.

1세기 무렵 로마 자유 수공업자들의 실질적인 소득이 1850년 영국 공장 노동자의 소득과 거의 같았다고 주장하는 학자도 있을 정도야.

로마는 현명한 다섯 황제 로마 5현가 나라를 다스릴 때까지 평화가 유지되다가 군인들이 잇따라 왕이 되면서 혼란에 빠졌어.

게르만족이 쳐들어오자 농민은 세금을 더 많이 내야 했지만 귀족이 갖고 있는 땅에는 세금을 받지 않는 이상한 일도 벌어졌어. 그러자 농민들은 세금을 덜 내려고 대영주 밑으로 들어갔어. 이에 따라 세금을 내지 않는 영지는 더욱 늘어나고, 무역마저 뒷걸음질하면서 도시의 인구가 줄어들기 시작했어. 반대로 귀족이 관할하던 영지는 자급자족하면서 식량을 확보하고 금속 가공, 옷 만들기 등 여러 가지 상업 활동을 하면서 도시 기능을 대신했지.

국제 교역이 줄어들면서 물물 교환을 하게 되자 군인과 관리의 봉급을 화폐 대신 생필품과 곡물, 가축, 소금, 올리브 등으로 주었지. 3세기 동안 계속해서 화폐 가치가 떨어져 물가가 올랐고, 도시는 더욱 쇠퇴하고 말았지. 점점 원시적인 자급자족 경제로 뒷걸음질하다가 마침내 4세기 말에 서로마 제국은 무너지고 말았어.

로마가 끝내 무너져 버린 원인에 대해서는 여러 가지 이야기가 있는데, 기술이 발전하지 못했기 때문이라고도 해. 로마는 기술적으로 많은 발전을 이룰 수 있었는데도 그다지 큰 성과를 거두지 못했다는 거야. 가장 생산적인 노동은 노예와 노예나 다름없는 예속 농민이 맡았기 때문이야. 이익을 얻을 수 없다면 아무도 노력하려 하지 않겠지?

아주 적은 수의 특권층은 전쟁, 행정, 섬세한 예술과 과학 그리고 지나친 소비에 정신이 팔려 있었어. 결국 노예 제도를 기본으로 하는 사회는 예술과 문학에서는 위대한 작품을 창조해 냈지만 경제 성장을 꾸준하게 이루지는 못했던 거야.

이렇듯 경제 활동에서 매우 중요한 진리 한 가지가 바로 *인센티브야. 그러니까 누구든 이익을 얻을 수 없다면 열심히 노력하지 않는다는 점이지. 로마 사회 역시 노예나 예속 농민들이 노력한 대가를 받을 수 있었다면 훨씬 더 발전했을 거야.

***인센티브** 사람에게 어떤 행동을 하도록 부추기는 자극을 말한다. 특히 회사에서 직원들의 노동 의욕을 높이기 위해 다양한 혜택을 제시한다.

고대 사회의 경제

그리스와 로마의 경제는 중세 이전 고대 사회의 경제 활동을 잘 말해 주지.

그리스의 도시 국가에서 생산 활동을 하는 기본 단위는 가족이었어. 자유 시민은 땅을 어느 정도 가진 농민이었지. 이들은 가족을 먹여 살려야 했고 그리스의 중심 광장인 아고라에서 펼쳐지는 민주 정치에도 참여했어. 또 전쟁이 일어나면 스스로 무기를 갖춰 적과 싸우기도 했어.

그들은 가족과 2~3명의 노예를 거느리고 있었는데, 스스로 농사를 지으면서 노예를 감독했고, 전쟁이 일어나면 노예에게 농사일을 맡기고 싸우러 나갔어. 이들은 일하는 데 쓰는 도구와 가축과 같은 움직이는 재산뿐만 아니라 가장 중요한 생산 수단인 땅까지 가질 수 있었어. 또 이러한 재산을 사고팔거나 자식에게 물려줄 수도 있었단다.

　로마도 처음에는 공동으로 쓰는 토지와 개인이 가진 토지가 함께 있었어. 다른 민족을 정복해 차지한 땅 가운데 약 3분의 1을 공유지로 만들었거든. 이런 공유지는 점점 많아졌는데, 땅을 쓸 수 있는 사람은 귀족이나 돈 많은 평민뿐이었어. 그러니 아주 넓은 땅을 가진 사람이 크게 늘어날 수밖에 없었지.

　고대 경제의 기본은 노예제 사회야. 그래서 생산 활동도 노예제에 바탕을 두었지. 빚이나 가뭄, 홍수 때문에 땅을 잃은 평민은 노예나 마찬가지여서 가진 것이라곤 노동력밖에 없었어. 이들은 전쟁 포로와 함께 노예 계급으로 전락하고 말았지. 고대 사회에서 노예는 권리가 없을 뿐 아니라 재산도 가질 수 없었어. 한마디로 말하는 도구일 뿐이었지.

　고대 사회에서는 많은 수의 노예가 필요했는데, 큰 전쟁을 일으키면 노예를 얻을 수 있었어. 그런데 전쟁을 계속하기 위해서는 농민이 끊임없이 전쟁터에 나가야 했어. 전쟁을 통해 얻은 땅은 늘어났지만 농민과 같은 자유 시민은 오히려 몰락한 거야. 몰락한 자유 시민과 포로는 또다시 노예가 되었고 이와 반대로 귀족은 계속 땅을 넓혀갈 수 있었기 때문에 더욱 큰 부자가 된 거야.

　로마 시대의 대농장 라티푼디움의 크기는 보통 80~100헥타르였고, 이곳에서 100명 안팎의 노예가 일했다고 해. 라티푼디움에는 주인인 영주 가족이 사는 집과 함께 외농장과 내농장이 있었어. 외농장에는 구속되지 않는 노예의 집, 구속된 노예의 막사, 취사장, 지하실

　등이 있었고 내농장에는 축사가 있었지. 노예들은 농장에서 영주 대신 감시하는 대리인의 채찍을 맞으며 일했어. 주로 팔기 위한 포도, 올리브와 그것을 재료로 한 제품을 만들어 내는 일을 했지.

　전쟁을 벌여 정복지를 넓히는 것은 노예를 얻기 위해서도 필요했지만 노예가 만들어 낸 상품을 팔기 위한 시장이라는 점에서도 매우 중요했어. 그러나 이와 같은 노예제 경영은 점점 쇠퇴했고 그 대신 토착 예농제, 다시 말해 소농민 경영이 나타났어.

　그러면 노예제 경영은 어떻게 사라졌을까?

　노예제 경영은 점점 규모가 커졌는데, 이렇게 노예가 늘어나자 감독하는 일이 점점 힘들어졌어. 그래서 일은 하지 않고 감독만 하는 사람의 수를 늘려야 했어. 노예들은 가족을 가질 수 없었기 때문에 정복 전쟁이 뜸해지면서 자연스럽게 노예 수가 줄어들었고 몸값도 높아졌지. 이렇게 되니 값비싼 노예를 쓰는 큰 농장은 이익을 남기지 못했어.

　노예제 경영이 어려워지자 농장 주인들은 노예들이 가족을 이루어 지낼 수 있도록 허락하고, 농기구나 가축 등과 같은 생산 수단을 가질 수 있도록 했어. 이에 따라 노예제는 농장 주인에게서 땅을 빌려 농사를 짓고 그 대가로 *돈을 내는 형태로 변했어. 이를 토착 예농제 또는 토착 농부제라고 해. 중세 봉건 사회의 바탕이 되는 농노, 다시 말해 자립적 소경영은 이렇게 태어난 거야. 이런 제도는 4세기 초에 생겨서 6세기에 완성되었지.

*돈 소작료라고 한다.

고대의 상업

그리스·로마는 지중해에 자리잡고 있었기 때문에 일찍부터 육로와 바닷길을 통해 주변의 여러 나라들과 활발하게 문명을 교류하면서 발전해 갔단다. 그리스 문명은 오리엔트 문명의 영향을 받아 유럽 문명의 뿌리가 되었고, 로마 사람들은 그리스 문명을 이어받아 유럽의 고전 문명을 완성했지. 영국, 독일, 프랑스 등 서유럽 국가들은 로마가 전해 준 문명의 영향을 받은 곳이야. 지금은 서유럽이 경제나 문화 면에서 다른 유럽 국가보다 앞서 있지만, 알고 보면 모든 것은 로마에 의해 만들어졌지.

> **오리엔트 문명** 기원전 3000년 전후에 이집트, 메소포타미아, 페니키아, 페르시아 등 아시아 서남부와 동북아프리카를 포함하는 고대 오리엔트에서 발달한 세계에서 가장 오래된 문명을 말한다.

기원전 334년~323년에 이루어진 알렉산더 대왕의 동방 정벌은 오아시스 육로를 따라 소아시아에서 인더스강 유역까지 이르는 드넓은

로만글라스 로마의 유리 공예

지역에서 이루어졌지. 그 과정에서 서양의 그리스 문명과 동양의 전통 문명이 어우러져 헬레니즘이 나타났어. 이 헬레니즘 문화는 약 300년 동안 계속되었는데, 이처럼 문명과 문명이 서로 만나서 어우러질 때 역사가 크게 발전하는 경우가 많단다.

이때의 로마는 페르시아와 인도를 중계지로 삼아 육지나 바다를 통해 비단을 비롯한 여러 가지 물품을 사고팔았고, 1세기 중엽에는 로마의 사절이 중국까지 가기도 했어. 뿐만 아니라 로마의 유리 공예 기법이 서역 여러 나라는 물론 한반도에까지 전해졌어.

기원전 1세기부터 기원후 1세기 사이에 이탈리아 귀부인들이 화장 그릇으로 썼던 유리컵을 비롯해 로마 사람들의 유리 제품인 로만글라스는 서쪽으로는 이베리아반도의 대서양 연안에서 동쪽으로는 한반도와 일본에 이르기까지 넓은 지역에서 발견되고 있단다. 경주의 황남대총, 금관총, 천마총에서도 로마의 유리그릇이 발견된 것으로 보아 로마와 중국이 얼마나 활발하게 교류했는지 짐작할 수 있지.

로마 상인들이 중국과 교역하기 위해 이용한 길은 실크 로드 해로야. 이 길은 지중해, 홍해, 아라비아해, 인도양 그리고 남중국해까지 이르며 동서 항해로의 길이는 약 1만 5000킬로미터로 추측되지. 중국은 기원전 3세기 진나라 때부터 남해 교역을 했고, 전한 시대에는 남인도 동해안의 *황지국까지 항해하면서 황금이나 비단을 인도의 구슬이나 유리와 바꾸었어.

1775년부터 최근까지 인도의 68개 지역에서는 1~4세기 때의 로마 화폐가 발견되었다고 해. 이 가운데 57개 지역이 서남부에 몰려 있고, 그 가운데서도 1세기 때의 유물이 가장 많다는 거야. 이것은 1세기를 전후해 로마와 인도가 활발하게 교역했다는 사실을 말해 주지.

로마 상류층 사람들은 비단을 무척 좋아했는데, 직접 비단을 만들 수 있는 기술이 없었어. 한참 후인 동로마 제국에 가서야 직접 만들었

황지국 지금의 수마트라 가까이에 있었다고 하는 나라

지. 당시 비단의 최대 수출국은 중국이었단다.

비단 같은 사치품 때문에 로마의 금과 은이 중국으로 흘러 들어가는 것을 걱정한 로마는 사치품을 쓰지 못하게 법으로 막을 정도였어. 실제로 비단을 사기 위해 엄청난 돈을 쓴 것이 로마 제국의 재정을 어렵게 만드는 데 한몫했지.

중국의 비단은 실크 로드 가운데서도 육지를 통해 운반되었는데, 그 중심지가 팔미라라는 도시야. 지금은 돌기둥과 돌무덤만 남은 폐허가 되어 버렸지만 말이야.

팔미라 시리아 중부에 있는 도시. 헬레니즘 시대부터 로마 시대에 걸쳐 번성했다.

앞에서 이야기한 것처럼 원래 로마는 농업 국가였어. 처음 로마의 상업은 주로 페니키아와 그리스에서 온 상인이 도맡아 했단다. 그러다 로마 제국이 세 개의 대륙에 걸친 드넓은 지역을 통일하자 상업은 눈부시게 발전했어. 지중해의 중심 도시는 로마의 상업 도시로서도 중요한 역할을 했지. 로마 귀족은 그리스 귀족처럼 고리대금업이나 노예를 사고팔아 큰돈을 모았고 그 돈으로 땅을 사들였어.

로마 사람들은 항해술을 더욱 발전시키고 튼튼하고 큰 군함도 만들었단다. 그리고 속도가 빠른 상선을 만들어 북해와 인도양까지 정기적으로 운항했어. 뿐만 아니라 도량형도 통일했고, 화폐를 만드는 기술도 발전시켜 상업이 발전하기 위해 필요한 기본 조건을 두루 갖추었지.

사유 재산을 인정한 로마법도 상업 발전에 큰 역할을 했어. 로마법은 로마가 인류에게 남긴 가장 위대한 유산 중에 하나야. 로마법은 우리에게 자신이 가진 물건을 마음대로 쓰거나 처분할 수 있는 권리인 사유 재산권을 공식화했어. 오늘날 자본주의는 사유 재산권 위에 뿌리를 두고 있다고 해도 틀린 말이 아니지.

로마에 사유 재산제가 확실하게 자리잡게 된 것은 공화정 말기부터 제정 로마 초기까지야. 이 기간 동안 로마의 경제와 문화는 가장 크게 발전했지. 그러나 점차 황제의 힘이 강해지면서 사유 재산에 뿌리를 둔 시민의 자유권이 정부의 간섭을 받기 시작했어. 그리고 로마도 점점 쇠퇴해 갔지. 흔히 게르만 민족이 쳐들어와서 로마가 멸망했다고 하지만 게르만족의 군사력은 우리가 생각하는 것만큼 강하지 않았어.

그렇다면 로마가 몰락하게 된 또 다른 이유는 무엇일까? 그것은 재산권 보호와 관계가 있어. 로마는 게르만족이 쳐들어오기 전에 이미 영지 단위로 자급자족하는 봉건제로 갈 준비가 되어 있었어. 로마 말기 황제들이 인플레이션을 막기 위해 식량 가격을 일정 수준 이상 오르지 못하도록 막았기 때문에 영지 단위의 자급자족적 경제 생활은 더욱 강해졌어. 영주들이 생산된 식량을 시장에 내놓고 사고팔지를 않았거든.

그 결과 로마 곳곳을 연결해 교역을 통해 번영할 수 있게 만들던 사슬이 끊어져 버렸어. 자급자족했던 원시 시대로 돌아간 셈이지. 여기서 우리가 배울 점은 사유 재산권을 인정하지 않으면 문명이 발전할 수 없다는 사실이야.

아리스토텔레스의 경제학

대부분의 로마 사람들은 가치 있는 것은 땅뿐이라고 생각해서 상인을 깔보았어. 상업은 비열하고 천한 일이라고 여겼지. 기원전 218년에는 원로원 의원이 상업을 하지 못하게 막는 법률까지 만들었어.

그들은 왜 상업을 우습게 생각했을까? 상업은 거짓말로 가득한 것이라고 생각했기 때문이야. 로마의 유명한 철학자 키케로는 '크게 속이지 않으면, 그는 아무 이득도 없을 것이다.'라는 말로 상인을 비난한 적도 있어.

그러나 시간이 지나면서 상인에

키케로 기원전 106~기원전 43년. 로마의 정치가이자 작가. 귀족 출신으로 법, 웅변술, 철학 등을 공부했다. 라틴 문학 전성기에 활동한 그는 문체가 뛰어났으며 《국가론》, 《법률론》, 《우정론》 등의 책을 썼다.

대한 비난은 차츰 사라졌고, 스스로 상업에 뛰어들어 이익을 얻는 사람들이 생겨났지. 그들은 여러 곳에서 많은 물건을 나르는 대상인이었는데, 특히 바다에 나가는 남자는 비난을 받지 않았단다. 무역이 도덕적으로 비난받을 행동이 아니며 점차 합법적인 것으로 자리잡았다는 뜻이지. 뒷날 키케로는 이런 말로 자신의 생각이 바뀌었다는 것을 나타냈어.

> "속임수 없이 많은 사람들에게 물품을 대고, 널리 풍요로움을 가져오는 사업은 그것이 많은 이익을 가져다주더라도 가볍게 여겨서는 안 되며, 이렇게 번 돈을 부동산에 투자하는 것도 인정해야 한다."

로마 시대에는 해상 무역을 하는 회사가 가장 컸지. 어떤 회사는 배만 가지고 있었고, 또 다른 회사는 자금을 대거나 화물을 보증하는 일을 맡았어. 공화정 시대부터 귀족, 심지어 원로원 의원까지 배

를 가지고 있었고, 화물을 보증하기 위해 여러 사람이 돈을 모아 투자하기도 했어. 때로는 여러 척의 배에 나누어 투자해 위험을 줄이기도 했지.

자신의 배를 해방 노예에게 맡기는 것이 가장 흔했지만 과감하게 자신이 직접 관리하기도 했단다.

사람들은 말로는 농업을 권하면서 농업이 상업보다 돈벌이가 되지 않는다는 현실을 깨달았지. 전통을 존중해야 한다는 생각과 부자가 되고 싶은 마음 사이에서 갈등하기 시작했어.

지금은 많이 변했지만 우리도 상업이나 상인에 대해 그리 좋은 생각을 갖고 있지 않았어. 왜 그랬을까?

플라톤(왼쪽)과 아리스토텔레스(오른쪽). 라파엘로가 그린 〈아테네 학당〉의 일부

아리스토텔레스 기원전 384~기원전 322년. 고대 그리스의 철학자. 플라톤의 제자로, 이데아 세계를 중요하게 여긴 스승과는 달리 인간이 느낄 수 있는 세계를 중요하게 여겼다. 중세 스콜라 학파에게 큰 영향을 주었다. 《형이상학》, 《자연학》 등의 책을 썼다.

그리스의 위대한 철학자 아리스토텔레스는 처음으로 '경제학'이라는 말을 쓴 사람이야. 하지만 아리스토텔레스를 비롯한 지식인들은 상업이나 돈벌이에 대해서 너그럽지 않았어. 과일이나 가축을 사고팔아 돈을 남기는 일은 그다지 좋은 일이 아니라는 거야. 또한 아리스토텔레스는 돈벌이를 위해 사고파는 것은 비난받을 일이라고 생각했어.

　그럼 아리스토텔레스는 어떤 생각으로 경제학이라는 말을 만들었을까? 상업이나 상인에 대한 그의 생각을 알아보는 것도 재미있지 않겠니?

　아리스토텔레스가 이야기한 경제는 가정을 기본 단위로 하는 자급자족 경제야. 자급자족 경제는 외부에서 도움을 받지 않고 살아가는 공동체를 말하지.

　아리스토텔레스에게 경제학이란 가정을 관리하는 것을 말해. 그가 말하는 자급자족 경제는 공동체 안에서 가족들이 자급자족하기 위해 필요한 범위 안에서 하는 교환이었지. 아리스토텔레스에게 경제란 가족 안에서 이루어지는 경제 활동을 단순히 확대한 것일 뿐이야. 그렇기 때문에 공동체의 범위를 훨씬 벗어나 커다란 시장에서 이루어지는 교환은 아주 위험하다고 생각했지. 그는 이익을 얻기 위해 교환하는 것은 이치에 어긋난다고 생각했어.

　아리스토텔레스는 생산을 '이익을 위한 생산'과 '필요를 위한 생산'으로 나누었어. 뒷날 사회주의자들이 즐겨 쓴 '이윤을 위해 생산하지 말고 사용을 위해 생산하라.'는 말은 아리스토텔레스의 생각을 빌린 것이었어. 아리스토텔레스의 사상은 뒷날 많은 지식인들에게 영향을 미치지.

　아리스토텔레스는 1000년의 세월을 넘어서 중세까지 큰 영향을 미쳤는데, 이윤과 이자를 나쁘게 생각하는 유대-기독교 전통이 더해지면서 더욱 강해졌지. 그러나 현실에서는 돈을 모으고 싶어 하는 사람들이 교역과 항해에 기꺼이 재산과 목숨을 걸었단다.

7세기~15세기

암흑의 중세와 동양의 발전

암흑의 시대

콜럼버스 1452~1506년. 이탈리아의 탐험가로 신대륙을 발견했다. 어릴 때부터 아버지를 도와 항해를 했다. 지구가 둥글다고 믿고 대서양을 항해해 쿠바, 자메이카, 남아메리카 등지에 도착했다.

로마 제국이 쇠퇴해 질서와 평화를 보장해 주지 못하자 이탈리아 곳곳은 차마 눈 뜨고 볼 수 없을 만큼 황폐해지고 말았단다. 완전히 잿더미로 변한 도시도 있고, 모습을 감추어 버린 도시도 있었지. 버려진 밭에는 잡초만 우거지고 도둑이 들끓어 오가는 사람들의 숫자도 많이 줄어들었어.

로마 제국이 멸망한 뒤의 시기를 '암흑의 중세'라고 불러. 중세는 로마가 지켜 주던 평화가 무너진 시대를 말하는데, 600년부터 콜럼버스가 신대륙을 발견한 1492년까지야. 로마 전성기에는 곳곳에 도로가 뻗어 있었고, 아무 걱정 없이 전국을 돌며 마음대로 장사나 여행을 할 수 있었어. 그러니 자연스럽게 물건을 교환해 생활 수준이 높아졌고 아주 풍요로웠지.

하지만 로마가 무너지는 순간 '로마의 평화'도 사라지고 말았어. 그러자 안전을 보장해 주는 대가로 공물을 달라고 요구하는 사람들이 나타났어. 이들이 바로 중세 초기의 주인공인 봉건 영주야. 봉건 영주들은 저마다 독립적인 성을 갖고 있었어. 그리고 다른 성과 거래하지 않더라도 자급자족할 수 있었지. 큰 바다에 점점이 떠 있는 섬을 생각하면 돼. 각각의 섬은 영주, 농민, 기사 그리고 성직자들이라고 할 수 있지.

농민은 봉건 영주가 빌려준 땅에서 농사를 지어 거두어들인 작물의 2분의 1이나 3분의 1을 바쳐야 했지. 농기구는 원시적이고, 영주에게 줘야 할 작물의 양은 많고, 교역이 활발하지 않으니 대부분의 농민은 가난하고 더러운 환경에서 살 수밖에 없었어.

기사는 영주가 준 봉토에서 거두어들인 작물로 생활하는 대신 영주의 안전과 명예를 지켜야 했지. 전쟁이 터지면 영주를 위해서 전쟁터에 나가 대신 싸우기도 했어.

너희는 중세 시대라고 하면 아마도 단단한 성곽과 두꺼운 갑옷, 긴 창으로 무장하고 말을 탄 기사를 떠올릴 거야. 800년까지만 하더라도 영주들은 언덕을 쌓고 그 위에 나무 요새를 지었지. 이런 언덕 하나를 만드는 데 짐수레 100대를 가득 채우는 흙과 몇천 그루의 나무가 필요했다고 해. 그러나 1000년부터는 나무 대신 돌로 성을 만들었어.

중세 시대는 신 중심의 사회, *내세 중심의 사회였어. 사람들은 자신의 신분이 처음부터 신의 뜻에 따라 결정되었다고 굳게 믿었지. 그렇기 때문에 자신의 생활을 발전시키기 위해 노력하지 않았어. '하나님의 나라'인 내세에만 관심을 가졌기 때문에 현재의 삶을 발전시키기 위해 필요한 과학은 발전이 더딜 수밖에 없었지.

중세 사람들의 세계는 정말 좁아서 좀처럼 고향을 떠나지 않았고, 고작해야 가까운 도시로 장터 나들이하는 게 전부였어. 교류도 활발하지 않았고, 물건을 사고팔기 위해 서로 만날 필요도 없었기 때문에 우물 안 개구리처럼 살았어. 물론 얼마 안 되는 성직자, 순례자, 기사, 대학교수, 상인들은 좀 더 넓은 공간에서 활동했지만 말이야.

현대인은 열심히 일해서 풍족한 생활을 누리는 것을 목표로 삼지만, 중세 사람들은 그렇지 않았어. 그들은 살아간다는 것은 잠시 이

* **내세** 죽은 뒤에 다시 태어나 산다고 하는 세계

땅에 머무는 것뿐이라고 생각했거든. 현대인의 기준으로 보면 농민들의 생활이 비참하게 보일지 모르지만, 그들은 직업을 잃을지도 모른다는 두려움 없이 편안하게 살았어. 생각하는 자유, 행동하는 자유를 포기하는 대신 안정과 정신적인 평화를 얻었지. 꽉 짜여진 사회에서 신분에 맞게 활동하고, 이익을 남기기 위해 뛰는 행동도 하지 않았어. 물론 그런 행동이 허용되지도 않는단다.

농업의 큰 발전

10세기에 3800만 명이었던 유럽의 인구는 14세기 초에 7500만 명으로 늘어났어. 인구가 늘어난 것은 유럽의 농업 기술이 크게 발전해 생산성이 높아졌기 때문이야. 1050년 이전 유럽에서는 오늘날의 호미와 같은 농기구조차 없었어. 이 사실만으로도 당시 농부들이 아무리 오랜 시간 동안 일해도 거둬들일 수 있는 작물의 양이 얼마 되지 않았다는 것을 알 수 있겠지?

뒤에 무거운 철제 쟁기를 썼는데, 이것은 제철 기술이 발전했다는 증거이기도 해. 로마 사람들도 쟁기를 쓰긴 했지만 부드러운 흙을 갈 수 있는 가벼운 쟁기가 고작이었지. 북유럽의 단단하고 습한 땅을 갈기 위해서는 무거운 철제 쟁기가 필요했어. 이런 기술의 발전은 농업의 생산성을 크게 높였지.

중국 사람들은 이미 기원전 6세기에 나무에 쇠를 씌우거나 전체가 쇠로 된 쟁기를 썼어. 기원전 3세기쯤부터 철이 널리 퍼지고 주조 기술이 발달했기 때문이야. 기원전 2세기에는 철로 농기구를 만드는 대장간이 중국 곳곳에 자리잡았고, 기원전 100년에는 중요한 지방마다 나라에서 직접 경영하는 커다란 쟁기 제작소가 있었지. 그래서 중국의 과학 문명을 연구한 조셉 니덤 박사는 "유럽이 중국의 농업을 뒤따라오다 앞서게 된 건 불과 200년밖에 되지 않았다."라고 말하기도 했어.

조셉 니덤 1900~1995년. 영국의 생화학자이자 과학사가. 케임브리지 대학을 졸업하고 같은 대학에서 부교수로 일했다. 중국 과학사에 관심을 갖고 1942년부터 4년 동안 중국에서 연구했다. 귀국한 뒤 중국의 과학과 문명에 대한 책을 펴냈는데, 1991년까지 7권 22책 가운데 15책이 나왔다.

또 하나의 커다란 혁신은 유럽 사람들이 방아를 쓸 수 있게 되었다는 거야. 물론 로마 사람들도 물방아의 원리를 알고 있었지만 그것을 쓸 필요가 없었어. 노예가 많이 있어서 굳이 노동력을 줄이기 위해 노력할 필요가 없었기 때문이지. '필요는 발명의 어머니이다.'라는 말이 있지? 부족하지 않으면 새로운 도구를 발명하거나 기술을 발전시키기 힘들다는 뜻이지.

1050년 무렵부터 북유럽에서는 물방아를 많이 만들었어. 물방아의 원리를 알고 있던 네덜란드 사람들은 1170년쯤 유럽 최초의 풍차를 만들었지. 오늘날 네덜란드의 상징이 된 바람 풍차 말이야.

방아는 곡식을 빻고, 천을 짜고, 철을 만드는 데 필요한 동력을

만들어 내기 때문에 생산성이 크게 높아졌어. 농업 기술이 발전한 덕분에 더 많은 식량을 생산해 내 인구가 늘고, 그 결과 도시가 성장해 유럽 문명이 발전하기 시작한 거야.

도시의 등장

인구가 늘자 자유민의 숫자도 늘어나 10세기에는 도시가 다시 활기를 띠기 시작했어. 농노는 돈을 내고 자유 농민이 될 수도 있었어. 때로는 위험을 무릅쓰고 도시로 도망치는 농노도 있었는데, 그들이 도시에서 잡히지 않고 1년 1일만 살면 자유를 얻을 수 있었다고도 해. 그래서 '도시의 공기는 자유이다.'라는 말이 전해지기도 했단다.

몇몇 도시는 무역을 해서 큰 부를 쌓았지만, 거의 모든 도시들은 주변 지역에 물건을 사고파는 기회를 주면서 발전했어. 영주와 귀족은 먹고 남은 식량을 팔아서 사치품을 샀고, 농민은 남은 식량을 팔아 다른 것을 살 수 있었기 때문에 더욱 열심히 일했지.

도시도 처음에는 영주의 지배를 받았어. 그러나 상인들이 경제력을 갖게 되면서 영주에게 돈을 주고 도시의 자치권을 사거나 영주와 싸워서 자치권을 얻어 내기도 했단다. 이것이 동양과 서양 도시의 차이점이야. 동양에서는 정치적으로 힘을 가진 사람과 싸워서 도시의 자치권을 얻어 낸 적이 없거든. 자치권을 얻어 낸 경험은 뒷날 유럽이 근대화하는 데 큰 도움이 되었지. 도시에는 능력이 뛰어난 사람들뿐 아니라 수많은 정보를 교환할 수 있는 시장이 생겼기 때문에 이를 바탕으로 공업이 발전할 수 있었어.

또한 수공업자들이 도시에 자리를 잡았어. 빵 제조공, 직조공, 제화공, 양복공, 대장장이, 목공 등 처음에는 직업이 몇 안 되었지만 시간이 흐를수록 점점 여러 갈래로 나뉘어 1313년 파리에는 모두 157종류의 수공업이 있었어.

중세 시대에는 어떤 도시가 활기를 띠었을까? 사람들이 활발하

게 오가는 교통의 교차점 또는 고갯길의 길목에 생긴 도시들이겠지? 오늘날 영국의 옥스퍼드나 케임브리지 등이 바로 그런 도시야. 독일의 쾰른, 영국의 런던이나 요크 등 로마 시대에 번성했던 도시가 다시 살아났지. 지방 귀족들이 쌓은 성곽이 도시로 발달한 경우는 영국의 *브리스틀이나 독일의 *마그데부르크란다.

길드 모피 가공업자 (요스트 암만의 목판)

도시 사람들은 하나의 새로운 계급을 이루었는데, 주로 수공업을 하는 사람과 상인으로 나누어졌어. 그들은 '길드'라고 불리는 동업자 조합을 만들어 임금이나 생산품 가격 그리고 장인 자격 등을 통제했어. 모든 상인과 수공업자는 각각 조합에 들어가야 했지.

만일 조합에 들어온 상인이 가격을 낮추기라도 하면 엄한 벌을 내렸어. 요즘 세상에는 길드와 같은 단체가 가격을 어느 정도 아래로 받지 말라고 정하는 것은 법으로 금지하고 있어. 그러나 당시 길드는 힘을 모아서 정치에도 영향력을 미쳤어. 오늘날의 노동조합이나 사업가 단체처럼 정치가들에게 이런저런 요구를 하게 된 거야.

이탈리아의 도시 국가 피렌체에는 대성당과 시청을 잇는 시내 한가운데에 '오르산미켈레'라는 성당이 있어. 당시 가장 뛰어난 조각가들이 정성 들여 만든 14명의 성인 상이 아직까지 남아 있는데, 이

***브리스틀** 영국 잉글랜드 남서쪽의 항구 도시. 예전엔 신대륙으로 가는 기지였다.
***마그데부르크** 예전 동독에 있던 도시.

들은 순교자나 복음사가가 아니야. 동업자 조합에서 돈을 모아 자신의 권위를 나타내기 위해 만든 길드의 수호성인 상이지.

모직상 길드는 낙타털을 입고 다녔던 세례 요한을 수호성인으로, 갑옷 제조 업자 길드는 용을 창으로 찔러 공주를 구한 조르지오를 수호성인으로 만들었어. 피렌체라는 도시 국가의 중심에 길드가 있었다는 사실을 가리키는 증거이기도 해.

중세 사람들은 경쟁을 싫어했어. 머지않아 심판의 날이 다가오는데 부자가 되기 위해 열심히 일할 필요가 없다고 생각했거든. 중세 사람들의 생각을 잘 나타내 주는 말이 지금도 전해 오고 있어. '부자가 천국 가는 길은 낙타가 바늘구멍에 들어가는 것과 같다.'라는 말이야. 그러나 경쟁이 없으면 발전도 없어. 경쟁이 있어야 서로 잘되기 위해 노력하고, 그러다 보면 더 많이 발전할 수 있잖아.

세례 요한 성경에 나오는 인물로 예수에게 세례를 주었다고 한다.

성 조르지오 일반 사람들에게 가장 인기가 있는 성인 가운데 한 명이다.

그렇다면 중세 사람들은 도시의 상인을 어떻게 생각했을까? 땅을 가진 영주와 귀족 계급은 상인을 무시했어. 그들 눈에는 상인이 오로지 돈만 생각하는 인정머리 없는 사람으로 보였거든. 그렇다고 해서 영주나 귀족이 돈을 버는 데 관심이 없었던 것은 아니야. 겉으로는 전혀 관심이 없는 것처럼 보였지만 사실은 이익을 얻기 위해 노력했어.

교회 역시 이윤을 남기는 상인을 비난했지. 중세의 철학자 토마스 아퀴나스의 주장이 교회의 믿음을 뒷받침해 주는

토마스 아퀴나스 1125~1174년. 이탈리아의 신학자이자 철학자. 스콜라 학파를 대표하는 학자로, 아리스토텔레스의 사상을 가톨릭에 결합해 체계화했다. 대학에서 신학을 가르치기도 했다.

데, 그 역시 정당한 가격이 어떻게 결정되는지에 대해서는 자세히 말하지 않았어. 다만 상인이 이윤을 많이 남기는 것이 종교적으로 벌을 받는 잘못된 일이라고 말했을 뿐이야.

물건이 귀하면 가격은 올라가고, 물건이 흔하면 가격은 내려가는 게 시장 가격의 이치야. 오늘날의 가격은 이처럼 시장의 수요와 공급에 따라 결정되는 '시장 가격'이지. 하지만 중세에는 오로지 '정당한 가격'만 있을 뿐이었어. 정당한 가격이란 장인이 신분에 걸맞은 생활을 할 수 있는 가격이야.

그렇다면 '정당한 가격'은 어떤 가격을 말하는 걸까? 물건을 만드는 데 드는 원가에서 크게 벗어나지 않는 가격을 상품의 '정당한 가격'이라고 해. 그러나 상인들은 상품이 많이 있는 곳에서 싼 가격에 산 뒤, 귀한 곳에서 비싼 가격으로 파는 사람들이잖아. 그러니 상인에게는 '정당한 가격'이 없고 오직 시장 가격만 있을 뿐이지. 그래서 성직자들에게 상인은 언제나 지나치게 이익을 얻는 나쁜 사람들로 보였을 거야.

게다가 교회는 돈을 빌린 뒤 이자를 받는 것을 인정하지 않았어. 따라서 돈을 빌려 주고 이자를 받는 대금업은 기독교를 믿는 사람들이 가져서는 안 되는 직업이라고 생각했어. 가난한 사람을 착취하는 나쁜 일이기 때문이지.

그렇지만 유대교의 율법은 이자를 받는 대금업을 인정하고 있어. 성서에 나오는 유대인, 유다가 예수님을 고발해서 팔아넘겼다는 선입견 때문에 중세 시대의 유대인은 상업, 수공업, 농업뿐 아니라 그 어느 것도 할 수 없었어. 그래서 많은 유대인이 기독교도가 기피했던 대금업에 종사하게 된 거야.

유대인은 상업 민족답게 어느 곳에 서든지 빠르게 부를 쌓아 갔어. 그 때문에 경제적으로 어려워지면 언제나 박해나 추방의 대상이 되었지. 이런 심리를 교묘하게 이용한 사람이 바로 히틀러야. 히틀러의 박해를 피해 미국으로 달아난 유대인은 오늘날 세계적으로 큰 은행 보험 회사를 가지고 있지. 그 뿌리를 유대인의 대금업 역사에서 찾을 수 있다니 참 놀랍지?

히틀러 1889~1945년. 독일의 정치가. 제1차 세계 대전이 일어났을 때 군에 들어가 훈장을 받았으며 나치스 당에 들어가 독일 총리가 되었다. 제2차 세계 대전을 일으키고 유대인을 박해했다.

이탈리아의 도시 국가

중세 시대 도시 가운데 가장 뛰어난 곳은 말할 것도 없이 이탈리아의 도시들이야. 베네치아, 피렌체 그리고 제노바는 자치권을 가진 도시 국가로 발전했어. 그 가운데 오늘날까지 사랑받는 곳이 바다 위의 도시로 유명한 베네치아지.

로마 시대 말기, *훈족이 자주 쳐들어오는 바람에 이탈리아 북동쪽에 살고 있던 베네토 사람들은 늘 불안에 떨었어. 훈족이 휩쓸고 지나간 곳은 풀도 나지 않을 만큼 무자비한 학살이 일어났기 때문이야.

베네토 사람들은 목숨을 지키기 위해 숨을 장소를 찾아 나섰는데, 다행히 육지에서 멀리 떨어지고 갈대숲이 우거진 개펄을 발견했어. 그들은 이곳에 짐을 풀고 도시를 만들기 시작했어. 그리고 697년 베네치아 사람들은 주민 투표로 총독인 '도제'를 뽑았어. 이

*훈족 중앙아시아에 살았던 유목 민족

렇게 형성된 도시는 이후 1797년 나폴레옹이 베네치아 공화국을 무너뜨릴 때까지 지중해 무역을 이끄는 도시 국가로 이름을 떨쳤어.

> **나폴레옹** 1769~1821년. 프랑스의 황제. 1804년 러시아 원정에 실패해 엘바섬에 유배되었다가 다시 정권을 잡기 위해 반란을 일으켰지만 실패했다.

그들은 처음에 염전을 만들어 소금을 팔았단다. 중세에는 소금이 많이 나지 않았기 때문에 소금값이 무척 비쌌거든. 베네치아 사람들은 몇백 년 동안 귀한 소금을 팔아서 남은 이익으로 착실히 도시를 키워 갔어. 그들은 소금뿐만 아니라 소금에 절인 생선도 팔았고, 바다로 나가 노예와 목재도 팔았지. 두 상품을 주로 산 사람은 아프리카에 살던 이슬람교도였어.

이슬람교를 믿는 사람들은 베네치아 상인에게 물건값으로 금이나 은을 주었어. 베네치아 사람들은 금과 은을 가지고 동로마의 수도 *콘스탄티노플로 가서 서유럽 귀족들이 갖고 싶어 하는 향료, 옷감, 금은 세공품, 보석 등을 샀지. 이런 상품을 실은 배가 긴 항해를 마치고 베네치아에 도착하면 기다리고 있던 상인들이 서유럽에 널리 퍼뜨렸지. 이렇듯 베네치아 사람들은 지중해 무역을 통해 큰돈을 벌 수 있었단다.

　　13세기 후반이 되면 지중해와 북해를 오가는 배들이 크게 늘어나. 1320년대에 베네치아와 제노바는 브뤼주나 앤트워프처럼 커다란 상설 시장까지 정기적으로 물건을 실어 나르는 *상선대를 만들었어. 그리고 이탈리아와 유럽의 주요 도시인 바르셀로나, 제네바, 런던에는 아주 큰 무역 회사와 은행을 세웠단다. 그야말로 상업의 꽃이 활짝 피었지.

　　베네치아 사람들은 이때 두 가지 훌륭한 제도를 만들었어. 하나는 항해를 통해 얻은 이익을 한 사람이 독차지할 수 없도록 하는 거야. 상선이 베네치아를 떠나 콘스탄티노플까지 갔다 온다고 하자. 이때 한 사람이 항해에 필요한 돈을 모두 투자하는 것이 아니라 3분의 2를 투자하고, 나머지 3분의 1은 선장과 선원들이 대는 거야. 그리고 나중에 비용을 빼고 남은 돈을 자본을 댄 사람과 나머지 사람들이 반씩 나누어 가졌지. 그러면 한 사람이 비용을 모두 투자하는 데 따르는 위험 부담을 줄일 수 있었고, 선장과 선원은 자신의 이익을 위해 더욱 열심히 일하게 되지.

***콘스탄티노플** 지금의 튀르키예 이스탄불　　***상선대** 여러 척의 상선으로 이루어진 대열

또 하나는 선장이나 선원이 돈을 갖고 있지 않을 때는 돈이 없는 사람에게 20퍼센트 이자로 돈을 빌려 주는 해상 융자 제도였어.

이탈리아 상선 덕분에 지중해 무역이 활기를 되찾기 시작한 것은 9세기 무렵이었어. 이때 베네치아뿐만 아니라 제노바, 아말피, 피사 등도 해양 도시 국가로 발전했어. 특히 베네치아와 치열하게 경쟁했던 제노바는 주로 아프리카의 튀니지와 무역을 했는데, 14세기 무렵에 가장 번성했다가 15세기 말 바스코 다 가마가 아프리카 항로를 개척하면서 큰 타격을 받게 돼.

바스코 다 가마 1469~1524년. 포르투갈의 모험가. 희망봉을 도는 인도 항로를 개척했다.

16세기를 5개월 앞둔 1499년 7월, 베네치아 공화국의 경제 중심지 리알토 다리 주변은 방금 날아온 소식으로 시끌벅적했어. 사람들을 깜짝 놀라게 한 소식은 바스코 다 가마가 이끄는 포르투갈 선대가 아프리카 남단을 돌아 인도양을 거쳐 캘커타에 도착했다는 소식이었어. 인도로 가는 새로운 항로를 개척했다는 것은 베네치아가 더 이상 향신료 교역을 독점할 수 없다는 뜻이었지. 300년 동안 베네치아가 이끌어 온 지중해 무역의 전성기가 끝난 거야.

이렇게 된 원인 또한 베네치아 사람들이 예전의 영광만 생각하고 게으르게 행동한 결과였어. 언제나 그랬듯이 역사는 누군가 오랫동안 높은 이윤을 차지하는 것을 그냥 내버려 두지 않아. 높은 이윤이 있다면 반드시 이를 빼앗아 가려는 사람들이 나타나기 마련이거든.

베네치아 사람들이 누리는 부를 빼앗아 간 이는 바로 포르투갈 사람들이었어. 그들이 대서양 시대를 열면서 베네치아는 쇠퇴하기 시작했지. 모든 것은 변화한단다. 변화에 잘 적응하는 사람만이 오래오래 번영을 누릴 수 있어.

이슬람교의 발전

이슬람교는 세계 3대 종교 가운데 하나로 오늘날 세계 50여 개 나라에서 19억 명이 믿고 있지. 570년 메카에서 태어난 마호메트는 마흔 살이 되던 610년쯤, 신의 계시를 받고 알라를 하나뿐인 최고의 신으로 모시는 이슬람교를 만들었어. 마호메트와 그의 후계자 *칼리프는 '지하드'라 불리는 *성전을 일으켜 마호메트가 세상을 떠난 지 100년 뒤에 아라비아 반도를 중심으로 서쪽으로는 이집트, 아프리카 북부, 스페인과 남프랑스까지, 동쪽으로는 페르시아와 중앙아시아를 거쳐 인도 접경까지 영토를 넓혔어.

이렇게 넓어진 영토에 군대의 뒤를 따라 들어온 사람은 아라비아 상인들이었어. 이슬람교의 창시자 마호메트도 상인이었기 때문에 이슬람교는 상업으로 이익을 남기는 것을 천하게 여기지 않고 오히려 존경의 대상으로 삼았단다. 단 고리대금업은 인정하지 않았지만

＊**칼리프** 마호메트의 뒤를 이은 이슬람 사회의 지도자를 가리키는 말
＊**성전** 종교적인 이유로 벌이는 전쟁

말이야.

　아라비아 상인들은 세계의 도시를 드나들면서 비단, 후추, 설탕, 향신료 등 수많은 상품을 사고팔았단다. 이때 '디르함'이라는 아라비아 은화가 주로 쓰였고, *'카라반', '매거진' 같은 아라비아 단어가 후추, 향료, 생강 등과 함께 유럽으로 전해졌어.

　중국을 가리키는 '차이나'라는 말도 이슬람 상인들과 거래한 진나라의 아랍어 표기야. '코리아'라는 이름도 고려 시대의 국제 무역항이었던 예성강 하구 벽란도 등을 드나들던 이슬람 상인들에 의해 국제적으로 불린 이름이었지.

코리아라는 이름을 세계에 알린 아라비아 상인의 무역선

　《고려사》에는 현종 15년 1024년에 100여 명의 아랍 상인이 커다란 *선단을 이끌고 고려에 왔다는 기록이 남아 있어. 유럽 사람들이 한반도를 처음으로 세계 지도에 넣은 것은 1562년이야. 그런데 이슬람의 알 이드리시는 그보다 400년이나 앞서 '신라'라는 이름을 세계 지도

***카라반** 장사를 크게 하는 상인　　***선단** 어떤 일을 함께하는 배의 무리

에 넣을 만큼 지리에 대한 지식이 뛰어났단다.

후추나 계피가 영주의 손에 들어가기까지는 길고 긴 여행을 거쳐야 했어. 인도를 출발한 후추가 바다 건너 아라비아 바닷가에 도착하면, 대상들이 이것을 싣고 메카에서 순례를 마친 다음 유럽과 아시아가 만나는 콘스탄티노플까지 실어 날랐어. 베네치아 상인들은 이 무역을 독점하면서 몇 배나 되는 이익을 남기고 되팔았지.

이처럼 길고 긴 항해와 여행을 마친 다음에야 유럽의 영주들은 몇 곱절이나 비싼 값에 입 안을 얼얼하게 만드는 후추나 계피 등의 향

료를 살 수 있었던 거야.

　당시 아랍 사람들은 과학 발전에 크게 기여했고 수학이나 의학에서도 뛰어난 재능을 보였어. 망원경을 처음 발명한 사람도 아랍 인이었고, 의학 분야에서도 유럽보다 훨씬 앞서서 당시 아랍 의사들의 명성은 유럽에도 널리 퍼질 정도였지.

　오늘날 이슬람 문명권은 화려했던 예전과는 달리 경제적으로 큰 어려움을 겪는 나라들이 있단다. 이슬람 국가들이 세계 인구의 26퍼센트를 차지하지만 세계 무역에서 차지하는 비율은 7퍼센트 정도밖에 되지 않아.

　아랍이 오늘날 이처럼 가난한 이유는 교육에 관심이 없고 노력이 부족하다는 점에서 찾을 수 있어. 요즘 들어 학교에 다니는 어린이들이 많아졌지만 배우지 못하여 글을 읽거나 쓸 줄 모르는 사람의 비율이 32%로 성인 10명 가운데 3명이 아직도 글을 모른다는 거야. 인터넷 접속률은 사하라 이남의 아프리카 지역보다 낮아. 1960년대까지만 해도 아랍 주요 나라들의 1인당 평균 생산성은 우리나라보다 높았지만 지금은 우리의 절반에도 못 미친단다.

중국의 발전

서양의 중세 시대는 시기적으로 중국의 수나라, 당나라, 송나라, 명나라가 지배하던 시절이었어. 수나라의 양제가 임금이 되던 해가 604년, 당나라의 고조가 나라를 세운 해가 618년이었지.

당나라의 수도 장안은 중국 최초의 계획도시인데, 옛날부터 동양과 서양을 잇는 비단길의 동쪽 출발점이었어. 그 당시 장안은 아라비아반도의 바그다드에 견줄 만큼 국제적인 도시였단다. 또 아랍과 활발하게 교류하고 있었기 때문에 수많은 아랍 상인이 머물고 있었어.

비단길을 통해 중국의 문명이 서양에 전해진 것 가운데 하나가 종이야. 105년 후한의 채윤은 오늘날과 같은 식물성 셀룰로오스로 만든 종이를 발명했어. 이 종이는 105년 뤄양을 출발해 150년 둔황, 793년 바그다드, 1276년 베네치아, 1309년 런던에 전

> **채윤** ?~121년. 중국 후한의 관리. 나무껍질이나 어망 등으로 '채후지'라는 종이를 만들었다.

해졌지. 그리고 대서양을 건너 1650년에는 미국에 도착했어.

중국의 대외 무역은 당나라와 송나라 때 아라비아 상선들이 광저우와 항저우에 머물 정도로 활발하게 이루어졌어. 중국 사람들은 이미 11세기 무렵부터 뒷날 서양의 대항해 시대를 연 나침반을 쓰고 있었지. 나침반은 중국에서 아라비아로 건너갔고, 15~16세기 무렵 유럽에 전해졌어.

중국은 원래 상인의 나라야. 중국 사람들은 이익을 얻는 것을 좋아해. 그래서 어떤 전문가는 중국인을 '상인종'이라 부르기도 했단다. 중국의 역사가 사마천이 쓴 《사기》에는 중국 사람들이 얼마나 상업을 중요하게 여겼는지 나타나 있어.

> 부자가 되려는 것은 인간의 본능이다. 배우지 않아도 스스로 알게 되는 것이다. 부모는 늙고 처자식도 먹여 살리지 못하고 명절이 되어 조상에게 제사 지내거나 술자리를 마련할 돈도 없고 기본적인 의식주도 마련하지 못하는 주제에 스스로 부끄러워하지도 않는다면 더 이상 이야기할 가치조차 없는 인간이다. 물려받은 재산이 없으면 자신의 힘으로 부자가 되어야 한다. 이미 재산이 있으면 지식으로 더욱 부를 추구하고 이익을 얻기 위해 힘써야 한다. 이것이 사람의 도리이다.

대항해 시대 전까지만 해도 중국은 서양보다 뛰어난 기술을 갖고 있었어. 그것은 중국의 생산성이 유럽보다 훨씬 높았다는 뜻이지. 호미를 써서 잡초를 없애는 기술, 씨 뿌리는 기계, 쇠 쟁기, 흙을 뒤집는 발토판, 효율적인 마구 등 모든 것이 중국에서 발명된 것이라

니, 정말 놀랍지 않니?

 그러나 중국은 공업 부문에서 기술을 발전시키지 못했어. 뛰어난 기술과 과학을 가졌으면서 기술 혁신을 하지 못한 이유는 무엇일까? 그건 바로 수공업 제품을 거래할 시장이 없었기 때문이야. 정교한 수공업 제품은 정부, 궁정 그리고 몇몇 귀족만 쓸 수 있도록 했거든. 일반 백성은 너무 가난해서 그런 상품을 살 수 없었어. 중국이 서양보다 훨씬 앞서 사용했던 철도 무기와 장식 공예품에만 쓰였고 생산 도구로 널리 쓰이지 못했어.

 또 유교의 영향으로 상인의 지위가 낮았기 때문에 상업으로 돈을 모으면 땅을 사거나 관직을 사는 데만 신경 썼어. 무엇보다 황제가 모든 것을 관리했고, 상인의 재산은 전혀 보호받지 못했어. 정권이 바뀌면 황제의 말 한마디에 모든 것을 빼앗길 수도 있었지. 재산을 한순간에 빼앗길지 몰라 불안한데 어떻게 기술을 발전시킬 수 있겠니? 그러니 아무래도 발전 속도가 더딜 수밖에 없었지.

대항해 시대

르네상스

14세기 후반부터 15세기까지 영국, 프랑스, 스페인, 신성 로마 제국 등 유럽의 거의 모든 나라에서는 봉건제가 사라지고 왕이 나라를 다스리는 절대 군주 국가가 나타났단다.

그런데 독일과 이탈리아만 예외였지. 독일은 400개가 넘는 왕국, 공국, 자치 도시들이 서로 경쟁했으며, 이탈리아 또한 여러 도시 국가들이 저마다 주도권을 잡기 위해 치열하게 경쟁했어.

피렌체, 베네치아, 밀라노 같은 이탈리아 도시 국가에서는 하늘 나라만 중요한 것이 아니라 현재의 행복과 성공도 중요하다고 믿는 사람들이 늘어났어. 그들 가운데 몇몇은 상업과 금융업으로 열심히 돈을 모아 사치품을 사고 집을 화려하게 꾸몄지. 여전히 교회의 착한 자식이긴 했지만 땅 위에서도 천국을 만들고 싶어 했어.

이 시대를 '르네상스 시대'라고 하고, 그들이 가졌던 믿음을 '휴머니즘'이라고 해. 휴머니즘은, 사람은 신에게만 매달려서는 안 되며 스스로 자신의 운명을 개척하고 행복하게 살 수 있는 능력이 있다는 점을 강조한단다. 인간의 고귀함과 존엄성에 대한 굳은 믿음은 예술가의 창조력을 북돋워 주었고, 사람들로 하여금 물질적인 풍요로움을 위해 대항해 시대를 열도록 했지. 그리고 사람들은 과학을 발전시키기 위해 더욱 노력했어.

르네상스 전, 거의 1000년 동안 유럽은 기독교의 그늘에서 벗어나지 못했어. 천국은 기독교를 믿는 사람에게만 열려 있다고 믿었어. 그러나 르네상스 시대가 되면서 억제되었던 인간의 호기심과 욕망이 자유롭게 출렁이기 시작한 거야.

보고 싶고, 알고 싶고, 이해하고 싶다는 욕망이 바로 '르네상스'를

일어나게 한 바탕이란다. 그 욕망은 미술, 음악, 과학, 철학 등 각 분야에서 구체적인 '작품'을 남기게 했어. 당시 사람들은 생각하거나 꿈꾸는 것만으로 만족하지 않았거든. 그 생각을 입, 펜, 붓으로 표현해야 한다고 여겼어.

하지만 '인심은 곳간에서 나온다.'는 옛말이 있듯이, 예술가와 과학자들이 마음껏 능력을 발휘하기 위해선 도움을 줄 후원자가 필요했어. 그 후원자 역할을 한 사람이 바로 상인이었는데, 이탈리아의 피렌체와 베네치아에 상업으로 부자가 된 사람들이 특히 많았지. 그래서 그곳부터 르네상스 운동이 꽃을 피우기 시작한 거야. 르네상스는 곧 이탈리아 전체로 퍼졌고, 이후 유럽에까지 퍼져 나갔어.

레오나르도 다빈치 1452~1519년. 이탈리아의 화가이자 건축가. 1466년 피렌체에서 회화와 조각을 공부했다. 작품〈모나리자〉,〈최후의 만찬〉으로 널리 알려져 있다.

유명한 화가 레오나르도 다빈치에게 든든한 후원자가 없었다면 오늘날 우리는 그의 작품을 볼 수 없었을지도 몰라. 레오나르도 다빈치는 피렌체, 밀라노, 로마에서 후원을 받아 활동하다가 마지막에는 프랑스로 건너가 프랑수아 1세의 후원을 받으면서 예술 활동을 했단다. 그를 무척 존경한 프랑수아 1세는 남프랑스 앙부아즈 교외에 있는 클루 성을 내주고

프랑수아 1세
1494~1547년. 프랑스의 왕. 이탈리아를 통해 고대 학문과 예술에 깊이 빠져들어 휴머니즘 발전에 온 힘을 기울였다. 르네상스의 아버지로 일컬어진다.

그곳에서 작품 활동만 할 수 있도록 도와주었대. 레오나르도 다빈치는 프랑스 왕에게 감사하는 뜻으로 언제나 갖고 다니던 〈모나리자〉를 주겠다는 유언을 남길 정도였다고 해. 현재 〈모나리자〉는 루브르 박물관에 전시되어 있고 이것을 보기 위해 세계 여러 나라 사람들이 프랑스를 찾고 있지만 말이야.

도시 국가들이 부자가 될 수 있었던 것은 단지 교역 때문만은 아니었어. 그렇다고 그들이 땅을 가진 것도 아니었지. 그들의 유일한 밑천은 바로 뛰어난 두뇌였어. 두뇌 집단인 도시 국가는 르네상스 전성기 때 봉건 영주나 수도원이 가진 땅에서 일하는 사람들보다 생산성이 무려 40배나 높았다고 해. 아마도 열심히 노력해 자기 재산을 만들 수 있는 도시 국가와 아무리 노력해도 영주의 몫이 컸던 봉건제의 차이도 있겠지? 당시 이탈리아의 도시 국가들은 영토는 작았지만 주변의 큰 나라들을 경제력으로 손에 넣었어.

르네상스 시대에 지식이 폭발적으로 퍼지기 시작한 데는 인쇄술의 발전이 큰 역할을 했어. 1200년에서 1400년 사이 유럽에서는 책을 만드는 재료가 양피지에서 종이로 바뀌었어. 가축의 가죽으로 만드는 양피지는 무척 비쌌지. 가축 한 마리에서 얻을 수 있는 품질 좋은 양피지는 네 장밖에 안 됐으니까. 그래서 성경 한 권을 만들려면 200~300마리의 양이나 송아지가 필요했어.

그러나 펄프에서 얻을 수 있는 종이의 가격은 양피지 가격의 6분의 1밖에 안 되었지. 그 결과 책을 많이 만들게 되어 지식이 널리 퍼졌단다. 1450년쯤 활판 인쇄술이 발명되어 20년도 채 되지 않아

책의 가격은 5분의 1로 떨어졌어. 그 덕분에 유럽 사람들은 책을 읽는 습관을 갖게 되었지. 유럽에서 책을 가장 많이 펴낸 곳은 역시 베네치아였는데, 그 어떤 나라도 경쟁 상대가 되지 못했어.

지식의 보급은 유럽이 세계사에서 앞서 나가는 데 큰 역할을 했지. 16세기에 들어서자 유럽의 1000여 개 인쇄 공방에서는 많은 양의 책을 쏟아 냈어. 활판 인쇄를 통해 책이 널리 퍼지자 정치·경제·사회·종교 등 모든 면에서 변화가 시작되었어. 물질에 대한 욕구, 강한 의지와 용기, 기업가 정신 그리고 개인주의라는 자본주의의 정신이 르네상스 시대에 확실히 뿌리를 내렸다고 할 수 있어.

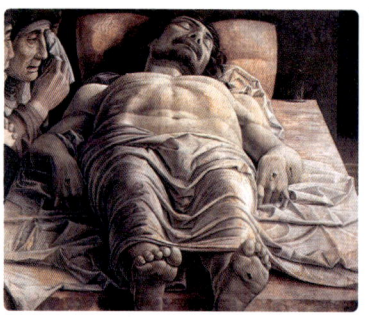

르네상스 시대의 대표 화가인 만테냐의 〈죽은 그리스도〉

왜 사람들은 죽음을 무릅쓰면서까지 거친 항해를 할까? 이름을 남기기 위해서일까, 아니면 다른 이유 때문일까? 우선 그들은 부자가 되고 싶었을 거야. 부자가 되고 싶다는 강한 욕망이 그들로 하여금 대항해 시대를 열게 한 거지. 물론 기독교를 널리 알리고 싶은 이유도 있었겠지.

15~16세기의 유럽은 '대항해 시대'야. 이 시대에 유럽 항해가들은 인도 항로를 열었고, 대서양을 가로지르는 뱃길이 열리면서 '신대륙'을 발견했지.

그중에서 300년 넘게 향료 사업을 독차지해 온 베네치아 공화국에게 도전장을 던진 것은 이베리아반도에 있는 포르투갈이었어.

15세기 전반 주앙 1세의 셋째 아들 엔리케는 항해 왕자로 불렸단다. 그는 향신료와 황금을 찾아 새로운 항로를 개척하기로 마음먹었어. 그리고 1418년부터 세상을 떠날 때까지 적극적으로 항해를 후원했단다. 당시 포르투갈 서남쪽에 있는 암석 지대 사그레스에는 작은 성이 있었어. 이 성에는 배 만드는 사람, 항해 기술자, 세공업자, 탐험가, 지리학자, 천문학자 등 각 분야의 전문가들이 함께 연구와 조사를 하고 있었지.

어떻게 여러 분야의 지식인이 모일 수 있었을까? 그것은 포르투갈이 다른 인종에게 대단히 너그러웠기 때문이야. 1492년 포르투갈의 이웃인 카스티야 왕국은 유대인에게 가톨릭으로 종교를 바꾸든

지 왕국을 떠나라고 명령했어. 그러자 유대인은 다른 인종에게 거부감을 갖고 있지 않은 포르투갈로 몰려들었단다.

유대인뿐만 아니라 많은 외국 사람들이 사그레스에서 항해에 필요한 지식과 정보를 나누었어. 그래서 1450년쯤 포르투갈의 수도 리스본은 대서양과 인도양으로 나아가는 기지가 되었지. 겨우 인구 4만 명의 작은 도시일 뿐인데 말이야.

1415년 포르투갈 사람들은 먼저 아라비아 사람들을 몰아내고 지브롤터 맞은편에 있는 세우타라는 항구 도시에 기지를 만들었어. 세우타에 있는 첫 번째 기지를 출발한 포르투갈 배들은 서아프리카 바닷가를 따라 내려가면서 가는 곳마다 요새와 교역할 수 있는 곳을 마련했단다.

사그레스 성에서 포르투갈의 해양 원정을 지휘했던 엔리케 왕자는 정작 자신은 배를 타고 바다에 나간 일이 거의 없었다고 해. 심한 뱃멀미를 했기 때문이야. 하지만 인도에 가고 싶어 하던 그의 꿈은 비록 세상을 떠난 뒤지만 결국 이루어지지.

1460년 엔리케 왕자가 세상을 떠나자 포르투갈 사람들의 항해는 잠시 주춤했어. 하지만 그들은 이미 아프리카의 황금 해안과 노예 무역을 주름잡고 있었기 때문에 자연스럽게 아시아에 관심을 기울였지. 1497년 마침내 마누엘 1세는 바스코 다

마누엘 1세 1469~1521년. 포르투갈의 왕. 항해 사업에 관심을 갖고 바스코 다 가마에게 항해하도록 함.

가마를 선장으로 하는 함대를 출발시켰어. 함대는 넉 달이나 항해한 끝에 아프리카 남단을 돌아 아프리카 동해안과 케냐를 거쳐, 인도양을 가로질러 인도 서부에 도착했어. 그토록 바라던 향료를 실은 후 다시 돌아왔단다. 1500년 이후부터는 포르투갈 상선이 정기적으로 인도를 항해했고, 1510년에 이르러 포르투갈 군대가 인도 서부 해안을 완전히 점령했단다.

포르투갈은 바스코 다 가마 일행이 개척한 대서양과 인도양을 잇는 항로를 아무에게도 알려 주지 않았어. 이탈리아와 네덜란드 같은 나라는 첩자를 보내 이 항로에 대해 알아내려고 했지만 100년 동안이나 알려지지 않았을 정도야.

15세기 말 인도 항로를 개척한 포르투갈은 16세기 초에 고아, 몰루카, 티모르 등을 점령한 데 이어 중국과 일본에 도착하는 등 유럽 어느 나라보다 앞서 동양에 진출했어. 1500년 포르투갈은 내친김에 브라질을 점령했고, 1511년에는 말레이시아의 말라카를 점령했어.

포르투갈은 왕실이 나서서 해양 무역을 적극적으로 도왔어. 100톤 넘는 배를 만들 때는 왕실이 갖고 있는 나무를 자유롭게 쓰도록 했고, 원자재를 수입할 땐 관세를 받지 않았어. 또 외국에서 100톤 넘는 배를 살 때도 관세를 내지 않게 해 주었지. 뿐만 아니라 배를 만드는 사람들은 군대에 가지 않아도 됐어. 포르투갈은 이렇게 여러 가지 지원책에 힘입어 동방 항로를 개척할 수 있었단다.

16세기 유럽에 수입된 향신료 가운데 후추가 차지하는 비중이 가장 높았는데, 양을 기준으로 하면 77퍼센트, 가격을 기준으로 하면

64퍼센트나 됐어. 당시 후추는 인도 남부와 자바 섬 등지에서 나왔는데, 말레이 반도의 말라카에서는 생산지의 10배, 인도 항구에 도착하면 30~50배, 유럽으로 건너가면 무려 500배로 뛸 만큼 이윤이 많이 남는 상품이었어. 한마디로 해상 무역을 통해 엄청난 이윤을 남길 수 있었던 거지.

콜럼버스의 대서양 횡단

1477년 크리스토퍼 콜럼버스라는 제노바 사람이 대서양의 항구 도시 리스본으로 왔어. 양모 직조공의 아들이었던 콜럼버스는 제노바의 섬유 산업 경쟁력이 베네치아나 피렌체에 뒤처지자 제노바를 떠나 해양 산업을 시작해 보려고 리스본으로 간 거야.

1484년 콜럼버스는 포르투갈 왕에게 항해 선단을 만들 수 있게 도와 달라고 부탁했지만 거절당했어. 포르투갈 왕실은 '지구는 둥글다.'라는 말을 믿고 대서양을 가로질러 동방 무역로를 개척하겠다는 콜럼버스의 생각이 황당하다고 생각했거든. 무엇보다 이미 적도 이남의 대서양을 개척했고, 인도 항로 사업이 눈부시게 발전했기 때문에 콜럼버스의 제안이 그다지 매력적이지 않았던 점도 있어. 하지만 포르투갈 왕실이 만약 그의 제안을 받아들였다면 스페인과 포르투갈의 역사는 달라졌을 거야.

후원자를 찾지 못한 콜럼버스는 결국 아들 디에고와 함께 빚 독촉을 피해 에스파냐로 달아났어. 그곳에서 영국의 헨리 8세나 프랑스 왕실에도 부탁해 보았지만 답을 듣지 못했어. 에스파냐의 팔로스 항에 도착해 어린 아들의 손을 잡고 구걸하다시피 하던 콜럼버스를 눈여겨본 사람은 파라비다 수도원장이었던 후안 페레스 신부였어. 그는 디에고를 맡아 주었고, 콜럼버스를 세비야의 힘 있는 사람들에게 소개시켜 주었지.

1486년 5월, 후원자를 찾아 헤매던 콜럼버스는 마침내 카스티야 왕조의 이사벨라 여왕을 만나 자신의 생각을 말했지. 콜럼버스는 갖은 노력을 한 끝에 결국 이사벨라 여왕의 후원을 받아 내고야 말았어.

1492년 8월 3일, 콜럼버스는 여왕이 내준 90명의 선원과 세 척의

콜럼버스의 산타 마리아 호

배를 이끌고 팔로스 항을 떠났어. 떠난 지 70일째 되던 날 마침내 그는 지구가 둥글다는 사실을 증명했어. 콜럼버스가 도착한 곳은 카리브해 가까이에 있는 바하마 제도의 다하나하니섬이었지. 콜럼버스는 그 섬 이름을 *'산살바도르'라고 지었어. 그리고 오늘날 '아이티'라는 나라가 있는 히스파니올라섬을 자신이 가고자 했던 동양의 끝 *지팡구라고 생각했어. 그가 대서양의 한 지역에 도착해 상거래를 한 날은 1492년 10월 12일인데, 미국 사람들은 이날을 '콜럼버스 데이'라고 부르며 기념한단다.

콜럼버스는 항해의 목적인 황금을 찾아 이곳저곳을 헤매었지만 끝내 찾지 못하고 이듬해 1월 16일 유럽으로 출발해 3월 4일 리스본에 도착했어. 그 뒤 세 번이나 더 아메리카를 다녀갔지만 콜럼버스는 세상을 떠날 때까지 그곳이 지팡구라고 믿었단다. 그 뒤 여러 사람들이 탐험을 계속했어. 1499년 아메리고 베스푸치는 남아메리카의 베네수엘라를 발견한 뒤 그곳의 경도를 밝혔어. 그는 1501년 다시 남아메리카의 동해안을 따라 내려가서 아메리카가 큰 대륙이라는 사실을 확인했어. 아메리카라는 이름은 바로 아메리고 베스푸치의 이름에서 따온 것이란다.

아메리고 베스푸치 1454~1512년. 이탈리아의 항해가. 탐험 항해를 떠나 아메리카 대륙을 발견했다.

* **산살바도르** '성스러운 구제자'라는 뜻이다.
* **지팡구** 일본국의 중국어 발음인 지펀구를 서양인이었던 마르코 폴로가 Zipangu로 적었다. 이렇게 중국어 발음에서 일본(Japan)을 가리킨 말이 지팡구이다.

정화의 대항해

15세기 유럽의 인구는 5000만에서 5500만 명 정도였어. 하지만 중국의 인구는 이미 1억~1억 3000만 명에 이르렀지. 중국은 11세기 이후 뛰어난 운하 시설로 이어진 기름진 평야를 끼고 있었으며, 교육을 잘 받은 유교 관리들이 운영하는 관료 제도가 발달했어. 게다가 종교 전쟁으로 홍역을 치르던 유럽과는 달리 이슬람 문명 등 다른 문명과 힘을 모을 수 있는 장점을 갖고 있었지.

이렇게 앞선 중국이 서양에게 뒤떨어지고 만 이유는 무엇일까? 나라의 문을 걸어 잠근 게 가장 큰 실수였어. 15세기 초, 명나라 초기까지만 해도 중국은 세계에서 가장 뛰어난 해양 국가였지. 명나라 황제 영락제는 3만 7000명의 군사를 실을 수 있는 몇백 척의 함대를 보냈는데, 그때까지 만들어진 나무배 가운데 가장 컸지. 콜럼버스의 함대 산타 마리아호는 이 함대의 4분의 1에 불과했을 뿐 아

니라 세 척의 배와 90명의 선원이 전부였어. 그에 비해 명나라는 환관이었던 정화의 배가 65척, 지원하는 배가 225척 그리고 선원은 2만 7870명이었어. 게다가 약 2년 동안 일곱 번이나 항해했으니 비교도 되지 않았지. 더욱이 중국 사람들은 이미 13세기 무렵 로켓을 만들 정도로 과학이 발달한 나라였단다.

정화는 1405~1433년에 일곱 번이나 원정대를 이끌고 인도양을 거쳐 마다가스카르와 아프리카의 동부 바닷가에 이르렀고 페르시아만과 홍해를 항해했어. 15세기 중국 사람

정화 석상

들은 서양 사람과 견줄 수 없을 정도로 바람의 방향과 바닷물의 흐름에 대한 지식이 대단했어.

그런데 영락제가 자신의 위엄을 지키기 위해 해양 원정을 줄이기 시작했고 1430년대 중반에는 원정을 완전히 그만두기로 결정했어. 당시 유교의 문관들은 항해에 쓰이는 자원을 농업이나 좀 더 좋은 곳에 사용해야 한다고 주장했지. 게다가 1420년대와 1430년대에는 몽골족이 위협해 왔기 때문에 경제적으로 힘들기도 했어.

결과적으로 1474년 명나라 함대는 처음보다 3분의 1로 줄었고, 1503년에는 전성기의 10분의 1로 줄어들었어. 게다가 1500년 이후에는 허락을 받지 않고 두 개 이상의 돛대를 단 배를 타고 바다에 나가는 것이 무거운 죄로 여겨질 정도였지. 그러자 중국 바닷가에는 해적이 들끓었고, 나라에서는 모든 주민을 바다에서 멀리 떨어진 내륙으로 옮겨 가게 했어.

해상 무역을 주름잡던 중국은 결국 고립을 자초하면서 스스로 후퇴하는 결과를 만든 거야. 이때의 상황을 두고 포르투갈 사절은 "인도 총독이 배 열 척만 가지고도 중국 바다를 정복할 수 있다."라고 놀리기도 했지.

중국이 더 이상 해양 무역에 신경 쓰지 않은 것을 두고 역사가들은 "아시아의 재앙이자 동시에 유럽의 행운이었다."라고 표현하기도 해.

스페인의 해외 진출

"나는 이곳에 금을 찾으러 왔지, 농부처럼 땅을 파기 위해 온 것이 아니다."

1532년 11월, 스페인의 정복자 피사로와 그의 부하들은 잉카 제국의 황제 아타후알파를 사로잡았어. 아타후알파는 자신을 풀어주는 대가로 자신이 머물고 있던 방을 가득 채울 만큼의 황금을 주기로 약속했지. 그래서 페루 모든 지역에 있는 황제의 신전과 궁전을 비롯해 전국에서 금을 모아 왔어. 그러나 피사로와 부하들은 약속을 지키지 않았어. 1533년 8월 29일 그들은 광장에 횃불을 세우고 사슬에 묶인 황

잉카 유적

제를 교수형에 처했지.

그 후 스페인은 잉카 제국을 철저히 약탈하기 시작했어. 처음에는 잉카 제국 곳곳에 흩어져 있던 금 조각과 금으로 된 물건을 닥치는 대로 스페인으로 실어 날랐지. 뿐만 아니라 광산을 무자비하게 약탈하면서 원주민들을 수없이 죽였어. 이렇게 가혹한 수탈과 유럽 사람들이 옮긴 전염병 때문에 원주민의 인구는 10분의 1까지 줄어들었단다.

1500년대에 엄청난 양의 금과 은이 대서양을 가로질러 스페인으로 옮겨졌어. 그 결과 15세기 말에 유럽이 가지고 있던 금과 은의

양은 1492년에 비해 무려 5배나 되었다고 해. 배로 실어 나르는 금과 은이 너무 많아서 무기를 갖춘 호위 선단만 60~100척이나 되었어. 1564년 한 해에 세비야에 도착해 보물을 풀어 놓은 배의 수가 154척이나 되었다고 하니, 얼마나 어마어마한 양이었는지 짐작할 수 있겠지?

그렇다면 그토록 원하던 황금을 손에 넣은 스페인은 강한 나라가 되었을까?

스페인에 들어온 금과 은은 빠르게 유럽의 다른 나라로 빠져나갔단다. 스페인 사람들은 생산보다는 소비를 더 많이 했기 때문이야. 그들은 황금을 도박판에서 운 좋게 딴 돈처럼 생각했어. 게다가 자신들이 만들 수 있는 상품은 거의 없고 대부분 수입해야 했으니 더더욱 그랬지.

당시 스페인 국회는 "금이 더 많이 들어올수록 왕국이 갖고 있는 금이 더 적어진다. 우리 왕국이 세계에서 가장 부유한 나라가 되어야 하는데도 오히려 세계에서 가장 가난하다. 스페인 왕국은 금과 은이 다른 왕국으로 가는 다리 역할만 하고 있다."라고 걱정할 정도였어.

스페인 사람들은 모은 재산으로 공장을 짓거나 길을 닦거나 목지 만드는 일에는 조금도 투자하지 않았단다. 생산적인 활동은 전혀 하지 않고 그저 다른 나라의 사치품을 사는 데만 정신을 빼앗겼어.

하지만 이런 행운은 그리 오래가지 않았지. 16세기 중반이 되면서 스페인으로 들어오는 금과 은의 양이 빠른 속도로 줄어들었거든.

스페인이 식민지에서 거둔 이익은 제노바, 베네치아, 프랑스 그리고 스페인의 식민지였던 네덜란드 지역으로 흘러 들어갔지. 1587년에 세운 베네치아의 리알토 은행, 1593년에 세운 암브로조 은행, 나폴리에 있는 피에타 은행 등에 대서양에서 건너온 금과 은이 차곡차곡 쌓였어.

스페인 사람들은 또 한 가지 큰 실수를 저질렀어. 바로 1492년 스페인에서 유대인과 이슬람교를 믿는 사람들을 모두 내쫓아 버린 거야. 그때 약 15만 명이나 되는 유대인이 쫓겨났는데, 상술과 수공업 기술을 갖고 있던 많은 유대인들은 이웃 나라로 옮겨 갔어. 유대인과 이슬람교를 믿는 사람들은 교육을 많이 받은 데다 수학과 과학의 발전을 이끌었지.

그렇게 재능 있는 사람들이 모두 떠났으니 스페인은 사업 경험이 많은 기업인을 모두 잃어버린 셈이었어. 그래서 농업은 프랑스, 공업은 이탈리아에 더욱 기댈 수밖에 없었어.

한편 신대륙의 발견은 이베리아반도를 중심으로 아프리카, 아메리카, 인도를 잇는 아프리카 항로, 인도 항로 그리고 대서양 항로로 이어졌어. 그 결과 유럽의 경제는 눈부시게 발전했지. 엄청난 양의 금과 은이 들어온 덕분에 생산과 소비가 늘어났어. 상업의 본거지도 지중해에서 대서양으로 넓어졌어. 이런 변화를 '상업 혁명'이라고 부른단다.

절대주의 시대의 시작

대항해 시대가 시작되면서 여러 나라들은 유리한 자리를 차지하기 위해 더욱 열심히 경쟁했어. 스페인에 힘을 실어 준 것은 아메리카를 개척하면서 얻은 금과 은이었지.

1570년 이슬람 문명을 대표하는 오스만 튀르크가 베네치아를 공격해 왔어. 스페인은 베네치아, 프랑스 등과 함께 기독교 문명을 대표해 이 전쟁에 참여했어. 1571년 레판토 해전에서 이긴 스페인 해군은 '무적함대'라는 별명을 얻었지. 이 전쟁은 오스만 튀르크를 중심으로 하는 이슬람 나라들이 서유럽으로 나아가는 것에 쐐기를 박았어.

종교에 대한 열정과 강대국의 열망에 사로잡힌 스페인의 카를 5세는 1520년부터 1530년까지 10년 동안 프랑스의 프랑수아 1세와 벌인 전쟁에서 빚만 잔뜩 지게 되었어. 엄청난 빚은 고스란히 아들 펠리페 2세가 물려받았지.

하지만 펠리페 2세도 식민지였던 네덜란드와의 전쟁에서 엄청난 빚을 진 채 지고 말았어. 아마도 펠리페 2세는 빚을 갚지 못한 첫 번째 왕일 거야. 오늘날로 말하면 국가가 파산 상태가 되었다는 뜻이야. 스페인은 그 뒤에도 다른 나라 은행에서 꾼 돈을 갚지 못해 여러 번 도산 위기를 맞았어.

스페인 대신 대서양의 주도권을 잡은 국가는 네덜란드였어. 스페인은 종교적인 명분을 중요하게 여겼지만 네덜란드는 실용적인 것을 중요하게 여겼지. 그들은 '예수 그리스도도 좋다. 그렇지만 교역이 더 좋다.'라는 속담을 만들어 낼 정도로 무역을 통해 이익을 얻으려고 했어. 네덜란드 사람들은 거의 모든 국토가 물보다 낮은 지

역에 살았기 때문에 일찍부터 스스로의 운명을 개척하는 데 온 힘을 기울였단다.

　네덜란드는 벨기에와 함께 스페인 땅이었는데, 모직물업과 무역이 발달해 스페인 왕국의 보물로 불릴 만큼 번성한 나라였지. 스페인 국왕 펠리페 2세는 네덜란드에서 만들어 아메리카 대륙으로 수출하는 모직물을 관리하기 위해 1만 명의 군대를 보냈고, 네덜란드인에게 기독교를 믿으라고 강요했어. 네덜란드는 이런 정책에 맞서 1568~1609년까지 전쟁을 해 마침내 독립했지.

　조그만 나라 네덜란드가 번성할 수 있었던 이유는 무엇이었을까? 네덜란드에는 배를 만드는 목재가 없었어. 그렇지만 *스칸디나비아와 좋은 관계를 맺고 교역하면서 목재를 구했단다. 당시 전함 한 척을 만들려면 2000그루의 참나무가 필요했는데, 네덜란드는 스칸디나비아로부터 바다를 통해 목재를 들여왔어. 육지보다 바다를 통해 목재를 나르면 비용을 아낄 수 있었지. 이렇게 해서 1579년에 겨우 120척이던 무역선이 1643년에는 2000척으로 늘어났단다.

　또 다른 이유는 네덜란드 선원의 근검절약하는 생활 습관이야. 네덜란드 선원은 항해할 때 보통 생선과 죽을 먹었고, 선장조차 신선한 고기 대신 소금에 절인 고기를 먹었지. 하지만 프랑스 선원은 신선한 고기와 포도주 그리고 하얀 비스킷을 주지 않으면 배를 타지 않았어.

　네덜란드 상선은 항해에 필요한 물품을 싣는 대신 많은 화물을 실어 나를 수 있었기 때문에 다른 나라 상선에 비해 경쟁력이 있었

＊**스칸디나비아** 북부 유럽의 덴마크, 스웨덴, 핀란드 서부를 이르는 말.

어. 또 큰 상선을 써서 다른 나라보다 짐삯을 절약할 수 있었지.

이렇게 성장한 네덜란드는 16세기 말에 동인도 무역에 나섰어. 향료 생산지인 말라카 제도와 일본에 진출했고 1619년에는 자바 섬의 자카르타를 본거지로 해서 식민지를 만들기도 했어.

네덜란드가 가장 번성했던 때는 1625~1675년 사이야. 그러나 영국에 맞서는 바람에 큰 피해를 입고 말았어. 1651년 영국은 영국과 식민지의 항구에 물품을 실어 나르려면 영국이나 나르고자 하는 물품을 만든 나라의 배를 써야 한다는 내용의 항해 조례를 발표했어. 대서양을 통해 각나라의 상품을 대신 실어 날라 부를 쌓고 있었던 네덜란드에게는 큰 타격이었지.

1600년 런던에 설립된 영국 동인도 회사 본사

두 나라가 이익을 두고 부딪칠 때는 경제력이든 군사력이든 힘을 가진 쪽이 규칙을 정하게 마련이잖아. 결국 이 항해 조례 때문에 해상권이 영국으로 옮겨 가고 말았어.

상업 혁명

앞에서 설명한 것처럼 신세계를 발견한 덕분에 15세기 말에서 16세기 초 서유럽에는 엄청난 양의 금과 은이 들어왔지. 오늘날도 화폐가 갑자기 늘어나면 화폐 가치가 떨어지면서 물가가 크게 오르잖아. 그런 현상을 '인플레이션'이라고 하는데, 똑같은 일이 16세기 유럽에서 일어났어. 특히 은의 양이 늘어나면서 가치가 떨어지고 물가가 갑자기 크게 올랐는데, 역사가들은 이것을 '가격 혁명'이라고 부른단다.

16세기 말 유럽의 물가는 무려 100~150퍼센트나 올랐어. 곡물 가격만 하더라도 영국에서는 155퍼센트, 프랑스에서는 165퍼센트 그리고 스페인에서는 453~556퍼센트가 올랐지.

은의 가치가 떨어지고 물가가 오르자 어떤 일이 일어났을까?

먼저 상인은 크게 이득을 얻지만, *지대를 받는 영주나 정해진

*지대 땅을 빌린 대가로 내는 돈

봉급을 받는 노동자는 큰 피해를 입지. 지대나 봉급의 실제 가치가 떨어지기 때문이야.

중세 초기의 봉건제에서 농노와 농민은 영주에게 현물로 지대를 바치다가 14~15세기에 들어오면서 현물 대신 오늘날의 임대료처럼 화폐로 냈지. 그런데 16세기에 접어들면서 갑자기 물가가 오르고 화폐 가치가 떨어진 거야. 땅을 가진 영주들은 꼬박꼬박 들어오던 돈이 줄어드니 큰 피해를 입을 수밖에 없었어.

결국 가격 혁명은 중세 봉건제를 무너뜨리는 데 큰 역할을 했지. 농민들 가운데는 몇십 년 치 화폐 지대를 한꺼번에 갚아 버리고 독립하는 사람이 생겨났어. 영국에서는 이들을 '독립 자영 농민층'이라 부르는데, 이들이 중심이 되어 시장에 팔기 위한 농사를 짓기 시작했어.

가격 혁명이 가져온 또 하나의 큰 변화는 신대륙이라는 커다란 시장이 나타났다는 거야. 신대륙은 유럽 국가들이 공업을 일으킬 계기를 제공했어. 처음에 스페인도 세고비아와 톨레도 지방에 모직물 산업을 갖고 있었지만, 스페인의 물가가 오르고 임금이 비싸지면서 모직물 산업은 경쟁력을 잃어버렸지. 결국 스페인의 모직물 공업은 사라지고 그 자리를 영국과 네덜란드가 차지했어.

모직물 제품을 원하는 사람이 늘어나자 영국에서는 '인클로저 운동'을 시작했어. 인클로저 운동이란 모직물 제품을 한꺼번에 많이 만들려고 집을 지을 땅과 농사지을 땅을 목장으로 만들어 울타리를 치는 것을 말해. 이 운동은 양모로 큰돈을 벌 수 있다고 생각한 귀

족과 지주가 목양업에 뛰어들면서 일어났지. 그들은 조상 대대로 물려받은 땅 가운데 경작지를 거둬들이고, 울타리와 돌담을 쌓아 목장으로 바꾸기 시작했지. 이는 16세기 영국 농촌을 뒤흔든 심각한 문제였지만, 중세 이후 양모 수출국에서 모직물 수출국으로 탈바꿈하는 중요한 사건이었어. 이때 생긴 농촌의 실업자는 뒷날 산업 혁명에 큰 도움을 주는 노동자 계급이 되었거든.

16세기부터 3세기 동안 포르투갈, 스페인, 네덜란드, 영국, 프랑스는 식민지와 무역 주도권을 잡기 위해 치열한 경쟁을 벌였지. 산업 혁명 이전 단계인 이 시기를 역사가들은 '상업 혁명'이라고 불러. 상업의 중심지가 지중해에서 대서양으로 바뀌고, 예전과는 비교할 수 없을 정도로 커진 상권이 유럽 상인을 중심으로 만들어졌지. 배 만드는 기술이나 항해 기술이 발달하면서 거래하는 상품의 수나 양도 크게 늘어났어.

'부강한 나라를 만들자!'

상업 혁명 기간 동안 각 나라의 지배자들이 갖고 있던 생각이야. 16세기 독일이나 이탈리아를 뺀 유럽 국가들은 이미 통일을 이루었기 때문에 각 나라의 지배자들은 어떻게 하면 다른 나라보다 더 부강한 나라로 만들 수 있을까 고민했지. 그들이 생각해 낸 방법은 금은보화를 많이 가지는 것이었어. 이런 생각을 '중상주의'나 '중금주의'라고 불러.

스페인의 지배자도 중상주의자였으며 신대륙에서 더 많은 금은보화를 가져오기 위해 노력했지. 그렇지만 가져온 금과 은은 다시 다른 상품을 사기 위해 다른 나라로 빠져나가게 된다는 사실을 알았어. 그들은 금과 은을 모으기 위해서는 금은을 얻는 일뿐만 아니라 산업을 발전시켜 밖으로 빠져나가지 않도록 하는 것도 중요하다

영국 함대와
스페인 대함대 간의 전투

루이 14세 1638~1715년. 프랑스 부르봉 왕조의 왕. 왕권을 강화하고 영토를 넓히는 등 나라를 부강하게 만드는 데 힘썼다.

콜베르 1619~1683년. 프랑스의 정치가. 중상주의 정책을 펴서 재정을 튼튼히 하고 동인도 회사를 세웠다.

는 사실을 깨달았어.

프랑스 루이 14세 때 20년 이상 1661~1683년 총리를 지낸 콜베르는 전쟁을 여러 번 치르면서 생긴 왕실의 빚이 더 이상 늘어나는 것을 막기 위해 여러 가지 정책을 폈어. 콜베르의 목표는 프랑스 경제의 자급자족 정도를 높이는 것이었어. 그는 관세를 크게 올려 프랑스 산업을 보호했단다. 물론 보호 관세 때문에 네덜란드가 큰 피해를 입고, 네덜란드와 프랑스 사이에 무역 전쟁이 일어나게 되었지만 말이야.

한편 영국은 유럽의 다른 나라와 달리 명예혁명이 일어나 왕이 절대적인 권력을 휘두를 수가 없었어. 새로운 세금을 거둬들이기 위해서는 반드시 의회의 허락을 받도록 했거든.

영국이 실시한 대표적인 중상주의 정책은 항해법인데, 1651년 네덜란드에 맞서기 위해 이 법을 발표했어. 이 때문에 해운업과 상업에서 누구보다 유리한 자리를 차지했던 네덜란드에 큰 타격을 입혔지. 그뿐만 아니라 1700년에는 모직물 공업을 보호하기 위해 동인도 회사가 인도에서 날염 면직물을 수입하지 못하게 막아 국내 산업을 보호했어.

이처럼 상업 혁명으로 새롭게 나타난 상공업자들은 의회와 함께 국내 산업을 보호해 국가의 이익을 늘리기 위해 여러 가지 조치를 취했어.

자본주의의
빛과 그림자

산업 자본가와 노동자의 탄생

13세기 무렵, 영국의 농촌에는 큰 변화가 일어났어. 자치 도시에서 먹고 남은 농산물을 내다 팔기 시작한 거야. 뿐만 아니라 농촌 안에서도 물건을 교환하는 시장이 크게 늘어났어. 농민끼리 상품을 규칙적으로 사고파는 일을 하다 보니 13세기 농촌은 14세기에는 읍이 되었고, 이어 자치 도시로 자리를 잡아 갔지.

영국은 원래 양모가 주요 수출품이었지만 모직물을 만드는 나라는 아니었어. 모직물은 겨우 나라 안에서 쓰일 만큼만 생산되었지. 그러나 모직물 공업은 15~16세기 초에 이르면서 농촌을 발판 삼아 빠르게 발전해 도시 길드의 모직물 공업을 위협했어.

그러자 영국 정부는 농촌의 모직물 공업을 규제하고 도시 길드의 이익을 보호하기 위해 1555년 *직포공 조례를 발표했지만 실패로 끝났지. 결국 1660년쯤에는 모직물 공업으로 벌어들인 돈이 영국 수

* **직포공** 옷감 짜는 일을 하는 사람

출액의 3분의 2를 차지할 정도가 되었어.

　이때 농촌이 발전하면서 새로운 사회 계층이 나타났는데, 돈 많은 자영 농민들 가운데 공장제 수공업을 하던 산업 자본가들이 그들이야. 공장제 수공업은 노동자들을 시설에 모아 놓고 일을 나누어 생산하는 방법인데, 공장제 공업 이전의 형태를 말한단다.

　도시 상인들 가운데는 가내 공업을 하다가 산업 자본가가 된 경우도 있었어. 상인들은 원료나 반제품 그리고 생산 도구를 사들여 농촌의 노동자들에게 주고 일을 시켰어. 농민들은 공기도 잘 통하지 않는 낡은 오두막에서 일하는 것이 힘들었지만, 지독한 가난과 흉년에서 벗어날 수 있는 방법이 없었기 때문에 기꺼이 받아들였지.

　17세기 유럽 사람들을 힘들게 한 것은 적의 침략이 아니라 심한

굶주림이었어. 적어도 10년에 한 번꼴로 날씨가 나빠지는 바람에 흉년이 들었고 농민들은 굶주림에 시달려야 했거든.

　농촌의 가내 공업에는 가족 전체가 매달렸어. 가내 공업을 하던 상인은 뒷날 산업 자본가가 되었고, 농촌의 노동자는 임금 노동자로 탈바꿈했지.

　어떤 경우든 생산 수단을 갖고 있는 사람은 산업 자본가가 되고, 그렇지 못한 농민은 임금을 받고 노동력을 제공하는 노동자가 되지. 그래서 산업 자본가와 임금 노동자 계층이 생겨난 거야. 이러한 계층이 생겨나는 데는 16세기의 인클로저 운동과 공장제 수공업의 발달이 큰 영향을 미쳤어.

　생산 수단을 갖고 있는 산업 자본가와 그것을 갖지 못한 임금 노동자 가운데 하나라도 없다면 자본주의는 생겨날 수 없어. 오늘날 우리도 자본주의 체제 속에서 살고 있는데, 노동자는 임금을 받고 일하고 자본가는 노동자를 고용하지.

산업 혁명

　　산업 혁명이란 1760년대 이후 공업 생산에 기계를 들여오면서 일어난 경제 및 사회적 큰 변화를 가리킨단다. 그렇다면 산업 혁명이 일어나는 동안 어떤 변화가 있었을까? 가장 먼저 도시 인구가 갑자기 늘어났어. 작은 농장이 큰 농장으로 바뀌면서 농업 생산성이 크게 높아졌고, 중소농이 무너지면서 농민들은 농촌을 떠나 도시로 몰려들었지.

　　이렇게 도시로 몰려든 사람들은 대부분 직장을 얻으려는 임금 노동자였어. 그 덕분에 자본가들은 싼 임금으로 얼마든지 노동자를 구할 수 있었지.

　　기계가 발명되면서 본격적으로 공장 제도가 생겨났어. 산업 혁명이 일어나기 전까지는 사람이 생활하는 공간과 작업장이 함께 있었는데 점점 기계가 생산의 중심이 되었지. 그러자 덩치가 크고 많은

돈이 들어가는 기계를 들여놓기 위해 독립된 작업 공간인 공장이 필요해졌지. 이때부터 직장과 가정이 따로 떨어지기 시작했어. 비로소 오늘날의 커다란 공장 같은 모습을 갖춘 거지.

생산 수단을 가진 자본가들이 임금을 받는 노동자를 고용하면서 새로운 생산 관계^{계약 관계}가 나타났어. 영주와 농노^{농민}처럼 신분에 따른 관계가 아니라 자본가와 임금 노동자라는 새로운 관계가 중심을 이루는 사회가 되었지. 자본가와 노동자로 이루어진 자본주의는 산업 혁명을 겪으면서 그 모습을 확실히 갖춘단다.

산업 혁명 이전까지 인간은 오랜 세월 동안 신분 사회에서 살아 왔어. 신분 사회는 주인과 종의 관계라고 할 수 있어. 주인은 지배 계급이고 종은 피지배 계급인 셈이지. 그리고 두 계급은 주로 핏줄에 의해 결정되었지. 태어나면서부터 자신의 뜻과는 관계없이 신분이 결정된 거야. 그러나 산업 혁명이 일어난 뒤 평등한 입장에서 서로 계약을 맺는 사회가 되었어.

처음에 산업 혁명은 소비재 생산 부문, 특히 면방직 공업에서 기술 혁신을 이루며 시작되어 제철, 기계 제작 및 석탄 산업 같은 생산 부문으로 번져 갔지. 이어 거기에서 만들어진 제품과 원료를 실어 나르기 위해 필요한 교통 및 통신 분야까지 넓혀졌어. 그러면서 큰 규모의 상업이 발달하고 근대적인 금융 제도가 생겨났단다. 자본주의의 토대가 굳혀진 거지.

18세기 초만 하더라도 영국은 대부분의 면직물을 인도에서 수입했지. 그런데 어떻게 영국의 면직물 공업이 산업 혁명을 이끌 수 있었을까? 그 이유는 면직물 공업이 새로운 분야였기 때문에 길드 조직의 규제에서 벗어날 수 있었고, 면화는 양모보다 기계화하기 쉬웠기 때문이야. 무엇보다도 신대륙에서 원료를 원활하게 공급받을 수 있었고 필요량도 많았어. 따라서 면직물 공업 분야에서 가장 먼저 기술 혁신이 일어날 가능성이 높았지. 사람들은 언제나 수요가 많은 곳, 시장이 큰 곳, 돈을 벌 가능성이 높은 곳을 눈여겨보고 그곳에 에너지를 쏟아 붓거든.

산업 혁명은 사람들의 생활을 획기적으로 바꿔 놓았다.

한편 영국 의회는 1720년 인도의 고급 면직물과 경쟁을 피하기 위해 인도산 면직물 판매를 금지했어. 덕분에 영국 안에서 자체적으로 면 공업을 발전시킬 수 있었지. 영국 사람들은 서인도 제도에서 기른 면화를 원료로 해서 무명을 만들어 내기 시작했어. 부드럽고 튼튼하며 습기도 잘 빨아들이는 무명은 서인도 교역권에서 큰 인기를 얻었고 따라서 수출량도 크게 늘었지.

1760년대가 되자 모직물 생산에 쓰던 *비사를 면직물을 만드는 데 이용하자 무명 생산성은 두 배로 늘어났어. 그러자 이번에는 원료인 면사가 부족해서 방적 기술을 개선하고 새로운 기계를 발명해야 했단다.

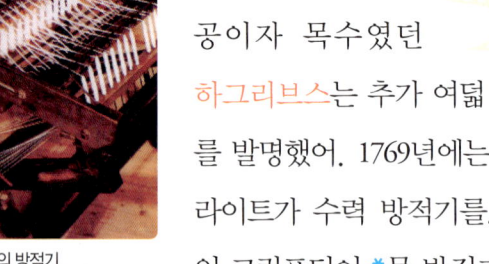
하그리브스의 방적기

하그리브스 ?~1778년. 영국의 발명가. 1764년에 제니 방적기를 발명해 산업 혁명에 큰 영향을 미쳤다.

1764년 직물공이자 목수였던 하그리브스는 추가 여덟 개 달린 제니 방적기를 발명했어. 1769년에는 가발을 만들던 아크라이트가 수력 방적기를, 1779년에는 방적공인 크럼프턴이 *뮬 방적기를 발명했지.

뮬 방적기로 가늘고 강하며 고른 고급 면사를 만들었고 동양에서 수입하던 고급 면사를 역수출하게 되었어. 또한 방적기 분야의 기술 혁명에 이어 1769년, 와트가 증기 기관을 개량해 방적기를 인공적인 힘으로 움직이게 되었지. 이것은 노동력이나 석탄이 있는 곳이라면 어디든지 커다란 공장을 지을 수 있었다는 사실을 뜻해. 시장이 있는 큰 도시 가까이에 면직물 공장이 들어설 수 있게 된 것은

*비사 플라잉 셔틀. 1733년 영국의 기술자 케이가 발명한 직조 기계
*뮬 방적기 제니 방적기와 수력 방적기의 장점을 합쳐서 발명한 방적 기계

뮬 방적기와 증기 기관이 결합했기 때문이야.

1830년이 되자 면직물 매출액은 영국의 총 수출액 가운데 50퍼센트를 넘게 차지했고, 19세기 후반에는 70~80퍼센트에 이르렀어.

영국의 면직물 산업이 발전하자 주변 나라들은 위기감을 느끼고 산업을 발전시키기 위해 노력했지.

그 뒤 새로운 기계가 차례차례 발명되어 각 분야에서 대량 생산이 이루어졌어. 기계의 발명은 모직물업, 금속 가공업 등 다른 업종으로 이어졌고 1830년대 이후 벨기에, 프랑스, 독일, 미국에도 전해졌지.

19세기 초 소형 증기 기관으로 움직이는 증기 기관차와 증기선이 발명되어 교통 혁명이 시작되었어. 특히 1830년에 맨체스터와 리버풀 사이에 철도가 개통되었는데, 이후 철도는 세계로 퍼져 나가 19세기 말에는 세계 규모의 철도망이 만들어졌지.

기계와 교통 기관이 발전해 제련법이 혁신되었는데, 철을 농기구에 널리 쓰면서 농업의 생산성이 높아졌단다. 뿐만 아니라 철도, 조선업의 발달을 이끌어 내고 무기 생산이 늘어나 서구 열강들의 식민지 개척에 큰 힘을 실어 주었어.

이처럼 면 공업에서 시작된 영국의 산업 혁명은 자본가와 노동자 사이에 새로운 계약 관계를 맺게 했고 분업과 경쟁이 지배하는 산업 자본주의 시대를 열었지. 산업 혁명을 통해 생산성이 높아지자 그만큼 큰 시장이 필요해졌어. 그에 따라 영국과 서구 열강들은 제품 시장을 넓히기 위해 식민지 개척에 더욱 열을 올렸어. 이로써 산업 혁명이란 커다란 물결을 탄 국가와 그렇지 않은 국가들의 운명은 확실하게 갈라졌지.

산업 혁명을 다룬 책 가운데는 어두침침한 공장에서 오랜 시간 일할 수밖에 없는 소년 소녀의 비극적인 이야기가 많아. 그렇지만 1850년과 1914년 사이 영국 사람들의 1인당 실질 소득은 약 2.5배 늘어났어. 소득이 조금은 공평하게 나누어져 빈민층이 줄어들기도 했지. 1914년에 이르면 영국은 유럽에서 생활 수준이 가장 높은 나라가 되었단다.

후발 국가들의 산업 혁명

영국의 산업 혁명은 유럽과 그 밖의 나라에 빠른 속도로 퍼져 나갔어. 영국과 도버 해협을 사이에 둔 프랑스의 산업 혁명은 농업에 기반을 둔 점진적 산업화였어. 프랑스의 산업 혁명은 1775년에 제니 방적기, 1782년에 수력 방적기, 그리고 곧이어 뮬 방적기를 들여오는 등 영국의 기술을 받아들인 면 방적 공업에서부터 시작되었어. 1806년에 증기 기관을 들여온 프랑스는 뮈르하우젠 지방을 중심으로 1840년대는 유럽 면 공업의 중심지로 성장했어.

프랑스의 면방적 공업이 영국과 경쟁할 수 있을 만큼 발전한 데는 이유가 있단다. 영국의 면방적 공업이 눈부시게 발전해 프랑스의 면방적 공업이 위기에 빠졌을 때 나폴레옹이 정권을 잡았어. 나폴레옹은 영국에 맞서 대륙 봉쇄령 1806~1814년을 내렸지. 프랑스 동맹국 및 중립국들과 영국 사이의 뱃길을 막아 버린 거야. 영국의 수출 공세 때문에 거의 망할 처지에 있던 유럽 대륙의 전통 면 사업은 이 기회를 이용해 기계화를 서두르고 다시 경쟁력을 갖추었어. 이처럼 프랑스가 관세로 자기 나라 산업을 보호하고 공업 장려 정책을 편 것이 면방적 공업이 발전하는 데 큰 역할을 했다고 할 수 있지.

> **르블랑** 1742~1806년. 프랑스의 화학자. 1790년 식염에서 인공 소다회를 만드는 데 성공했다.

프랑스는 영토가 넓고 농업 기반이 탄탄했기 때문에 국내 시장이 튼튼했어. 이를 바탕으로 산업화를 진행시켜 나갔는데, 1790년 르블랑이 비누, 유리, 종이 같은 제품 생산에 혁신을 불러일으킨 인공 소다회를 개발했고, 19세기 말 독일이 프랑스를 따라잡기 전까지 세계의 화학 공업을 이끌었어. 철강 공업과 화학 공업에서 큰 성과를 거둔 데 이어 19세기 말에는 전기, 알루미늄, 자동차 공업도 크게 발전해 영국과 1위 자리를 다툴 정도였지.

오랫동안 기술 면에서 유리한 자리를 지키는 것은 무척 어려운 일이야. 아무리 특별한 기술 혁신이라 해도 다른 나라에서 흉내 낼 수밖에 없거든. 그렇기 때문에 앞선 기술을 가진 나라는 더욱 끊임없이 노력해야 하지. 뒤따라오는 나라를 따돌리기 위해서 피나는 노력을 하지 않으면 금세 뒤처지게 마련이거든.

영국은 산업화에서 유리한 자리를 차지하기 위해 기계류 수출 금지 조치 1774~1824년를 내린 적도 있단다. 프랑스의 수공업자들은 독자적으로 기계를 개발하고, 기계가 움직이는 것을 몰래 훔쳐본 뒤 따라 하고, 부품을 빼내기도 하면서 경쟁국의 기술을 익혔지. 이처럼 산업 혁명이 일어난 뒤 모든 국가들은 산업화에 앞장서기 위해 치열하게 경쟁했어.

독일의 산업화는 영국보다 약 80년, 프랑스보다 약 30년 늦은 1840년대에 시작해 1850년대와 1860년대에 본격화되었어. 영국이 100년 정도 걸린 산업 혁명을 50년 만에 이룬 거야. 독일의 산업화의 특징은 '위로부터의 개혁'이라는 점이야.

독일에는 영국이나 프랑스처럼 산업화를 이끌 만한 시민 계급이 없었을 뿐 아니라 몇백 개의 작은 나라로 나누어져 있었지. 소군주는 군사를 거느리고 관세와 통행세를 거둬들였고, 경제적으로도 서부는 봉건제가 무너졌지만 동부는 농장 영주제가 남아 있었어.

이렇듯 뒤떨어져 있던 독일이었지만 영국의 산업 혁명과 나폴레옹의 침략 그리고 대륙 봉쇄령에 자극받아 산업화를 추진한 거야.

프로이센을 중심으로 국가가 산업 혁명을 이끌었는데, 이것은 뒷날 일본에 큰 영향을 미쳤어. 또 일본의 경험은 우리나라 경제 성장에 큰 영향을 미쳤지. 독일은 먼저 작은 시장들을 모아 하나의 시장으로 만들기 위해 통행세와 관세를 없애는 관세 동맹1834년을 맺었어. 관세 동맹 이전까지는 함부르크와 마인츠를 오가는 배는 모두 서른 세 번이나 통행세를 내야 했지. 관세 동맹과 19세기에 빠른 속도로 세워진 철도 덕분에 독일 경제는 하나로 모아질 수 있었어.

독일 정부는 산업화를 위해 제도를 개혁했어. 먼저 중세의 틀을 가지고 있던 길드 조직을 없애는 데 힘을 기울였지. 생산하는 사람이 어디나 옮겨 다니면서 자유롭게 영업을 할 수 있도록 보장한 거야. 뿐만 아니라 1821년에 베를린 공업 연구소를 세워 기술자를 길러 내고 국영 금융 기관을 세워 자본을 원활하게 공급하게 했어. 이 결과 해외 무역 회사 설립도 자유로워졌어.

위에서부터 시작된 독일의 산업 혁명이 빠르게 이루어질 수 있었던 것은 석탄 산업과 철강 공업의 눈부신 성장 덕분이었어. 1840년까지만 하더라도 독일의 철강업은 걸음마 수준이었어. 그러나 1895년 영국을 앞서기 시작했고, 1914년에는 영국 생산량의 두 배 이상이나 되었지.

독일은 후발 공업국인데도 화학 공업과 전기 공업이 크게 발전했어. 이들 기업은 석탄, 철강 산업과 마찬가지로 규모가 무척 컸어. 당시 대부분 기업의 종업원 수가 몇천 명이나 되었고 지멘스, 슈케르트와 같은 전기 회사는 제1차 세계 대전이 일어나기 전에 이미 8만

명이 넘는 종업원을 고용했지.

1870년 철의 재상으로 불리는 비스마르크는 정권을 잡자마자 보호 무역주의를 행동에 옮겼어. 보호 관세로 국내 기업을 보호하면서, 국내 기업끼리 가격을 결정하거나 생산을 제한할 수 있게 했지. 이런 정책에 힘을 얻은 기업들은 국내에서 높은 가격을 받아 이윤을 얻었고, 그 대신 해외 시장에서는 값싸게 물건을 팔았어. 독일은 이렇게 영국의 자유 무역과 반대되는 보호 무역을 이용해서 세

> **비스마르크** 1815~1898년. 독일의 정치가. 1862년에 수상이 되었고 1871년에 독일을 통일해 재상이 되었다.

계 시장을 빠르게 점령했어.

 1887년 영국은 국내에서 만든 제품과 품질이 떨어진다고 생각한 독일의 상품을 구별하기 위해 원산지 증명이란 제도를 만들었어. 그러니까 '메이드 인 영국 Made in England', '메이드 인 독일 Made in Germany'과 같은 표시를 상품에 붙이도록 한 제도였지.

 그러나 기대와 달리 오히려 독일 제품의 우수한 품질을 드러내는 결과를 낳고 말았어. 11년 만에 이 제도를 없애 버릴 만큼 19세기 말 독일 산업의 경쟁력은 이미 정상에 이르렀단다. 독일은 이러한 힘을 가지고 두 차례나 세계 대전을 일으켰지. 제2차 세계 대전이 끝난 뒤에도 독일은 황무지 상태에서 다시 나라를 일으켜 세워 여전히 강력한 나라라는 사실을 보여 주었어.

 그러면 생긴 지 얼마 안 된 미국에서는 어떤 일이 일어났을까? 미국은 독립 전쟁 1775~1783년으로 영국의 품에서 벗어났단다. 그런데 공업 중심의 북부와 농업 중심의 남부로 이루어진 연방 체제가 걸림돌이었어. 남부와 북부의 이해 관계가 서로 달랐던 거지. 이로부터 비롯된 남북 전쟁 1861~1865년을 거치면서 미국은 발전을 가로막던 제도와 관습을 없애 버렸고, 이후 빠른 속도로 경제 성장을 한단다.

 미국은 유럽과 비교할 수 없을 정도로 땅이 넓었기 때문에 노동력이 부족했어. 그

〈독립 선언〉 제2차 대륙 회의에서 독립 선언서를 채택했다.

래서 유럽보다 생활 수준이 더 높았고 임금도 많이 받았지. 인구와 소득이 늘어나자 시장은 계속 성장에 성장을 거듭했단다. 미국에서 시장이 얼마나 빠른 속도로 성장해 왔는지는 면 공업 시장을 보면 알 수 있어. 1860년과 1914년 사이에 원면 소비량이 7배나 늘었거든.

임금이 높고 노동력이 부족하다 보니 자연히 노동력을 절약할 수 있는 기계가 발달했어. 19세기 말 미국식 대량 생산 방식과 기계는 지난날 근대 기술을 빌려 준 영국에 진출할 정도였으니까 말이야. 영국의 제화·자동차·공작 기계·전기 공업 등은 미국의 영향을 받았어. 또 영국의 초기 전차나 지하철 설비는 모두 미국에서 수입한 제품이란다.

커다란 미국의 국내 시장은 유료 도로와 운하 그리고 철도 건설에 의해 착착 통합되었고, 이는 다른 산업의 발전에도 큰 역할을 했지.

미국 정부는 어떤 산업을 중심으로 삼아야 할지 선택해야 했어. 초대 재무 장관이었던 알렉산더 해밀턴은 보호 관세와 그 밖의 정책을 통해 국내 공업을 발전시켜야 한다고 주장했어. 미국의 초대 국무 장관이자 제3대 대통령인 토머스 제퍼슨은 농업을 가장 먼저 키워야 한다고 주장했지. 결국 미국 정부는 해밀턴의 주장을 받아들였고, 미국은 세계 최고의 공업국으로 성장했어.

미국은 이민으로 이루어진 나라야. 또한 무엇이든지 새로 시작하기에 좋은 환경을 갖고 있었어. 미국이 오늘날처럼 성장한 데는 개개인의 자립에 대한 강한 믿음과 건실한 개인주의가 큰 역할을 했지. 자신의 운명은 스스로 개척해 나가야 한다는 개척 정신은 미국의 특징이란다.

산업화를 이끄는 나라는 모두 영국, 프랑스, 독일, 미국, 벨기에 등 서양 국가였지. 동양권 국가에서 후발 주자로 출발해 이들 나라와 어깨를 나란히 한 나라는 일본이야. 일본은 유럽의 봉건제와 비슷한 구조를 가진 폐쇄된 사회였어. 1853년 미국에 의해 강제로 문호를 연 뒤 막부 체제라는 봉건제를 버리고 왕 중심의 통일 국가를 세웠단다. 이것을 메이지 유신이라고 해.

일본은 19세기 후반 메이지 유신을 시작으로 봉건적 신분제를 없애고 국가가 중심이 되어 유럽 제도, 특히 독일의 제도와 기술을 받아들여 산업화에 성공했어. 일본 정부는 '산업을 키우고 기업을 세우자.'라는 구호를 내세우고 면방적업, 철, 철강, 기계, 화학 제품 등을 생산하는 중화학 공업을 일으켰지. 그래서 1914년에는 중화학 공업을 자급자족할 수 있을 정도가 되었어. 이렇게 놀라운 성장을 한 일본은 제1차 세계 대전 때 이미 주요 공업국이 되었단다.

경제 사상

공동체 생활을 하면서 자급자족했을 때의 경제 문제는 무척 단순했지. 이집트나 페르시아처럼 의식주가 왕이나 지배 계층의 명령에 의해 해결될 때도 경제 문제는 그렇게 복잡하지 않았어. 하지만 교환이 경제생활의 중심이 되면서 경제 문제는 대단히 복잡해졌지. 임금, 이자, 이윤, 소득 등 복잡한 현상이 나타난 거야.

사람들은 누구나 자신이 살고 있는 사회의 경제 현상을 이해하길 바라지. 어떤 현상에 대해 이해할 수 없을 때 우리는 불안감마저 느낀단다. 마찬가지로 왕이나 귀족, 상인들도 복잡한 현상을 이해하고 설명할 수 있기를 바랐어. 그래야만 마음이 편안하고, 호기심도 충족시킬 수 있고, 미래도 준비할 수 있거든.

복잡한 경제 현상을 정확하게 이해할 수 있다면 이익도 많이 거둘 수 있단다. 경제적으로 높은 성과를 얻을 수 있는 방법을 알 수 있다는 뜻이야. 언제, 어떤 상품을 수입하는 것이 좋을까 하는 질문에 대한 답은 공급과 수요에 대한 지식을 쌓으면 정확하게 알 수 있지. 또 경제 현상을 제대로 이해한다면 법과 제도 그리고 각종 기구를 어떻게 만들어야 하는지도 알 수 있어.

이럴 때 필요한 사람들이 바로 경제학자야. 물론 처음에는 오늘날처럼 경제를 전문으로 공부하는 학자들이 없었어. 경제 문제에 관심이 있는 학자들이 자기 의견을 이야기하는 정도였지. 이들은 뒷날 복잡한 경제 현상을 설명하는 지식을 제공했는데 그 지식 가운데 오늘날까지 쓸 만한 것은 경제 사상으로 전해져 내려왔어.

이런 경제 사상은 처음에는 단순히 경제 현상을 설명하기 위해

나타났지만 나중에는 이러한 경제 사상에 따라 경제 활동을 하기도 했단다.

중세 시대가 끝나고 산업 혁명 시대가 활짝 열리면서 사람들은 이익을 얻기 위해 바쁘게 움직였어. 세상의 수많은 사람들이 일자리를 구하러 뛰어다니고, 일자리를 구한 다음에는 저마다 열심히 일해 이익을 챙겼어. 중세 시대 같았으면 이런 일을 상상이나 할 수 있었을까? 개인이 자기 이익만을 위해 일하고, 모두들 일한 대가를 다 받아 가는데도 세상이 잘 돌아가다니 말이야. 더욱이 자기 이익을 위해 행동하는 사람이 늘어나도 더 잘살게 되니 모두들 이상하게 여길 수밖에 없었지. 이런 경제 현상을 명쾌하게 설명하면서 자유 시장 경제의 이론적 토대를 마련한 사람이 바로 경제학의 아버지 애덤 스미스야.

애덤 스미스 1723~1790년. 영국의 사회학자. 고전 경제학을 처음 내세웠다. 스코틀랜드에서 태어나 글래스고 대학에서 도덕 철학을 공부했고 1751년에는 글래스고 대학 교수가 되었다. 자유 경쟁이 사회를 발전시키는 요소라고 강조했으며 《국부론》, 《도덕정조론》 등의 책을 썼다.

그는 1776년 《국부론》에서 사람들의 이기심이 적절하게 조화를 이루어 세상의 부를 늘리는 현상을 '보이지 않는 손'이라고 말했어. 개개인은 열심히 자신의 이익만을 찾는 과정에서 '보이지 않는 손'에 이끌려 다른 사람의 이익, 다시 말해 사회 전체 이익에 이바지한다는 거지. 때문에 사람들의 이해가 부딪칠 때마다 정부 관리나 변호사가 끼어들지 않더라도, 중세처럼 교회의 막강한 전통이나 관습이 없더라도 사람들이 생존하고 번영하는 데 필요한 일들이 저절로 이루어진다는 거야.

애덤 스미스는 교환으로 이루어지는 자본주의의 원리를 확실하게 설명했어. 우리가 밥을 먹을 수 있는 것은 정육점 주인이나 양조장 주인이나 빵집 주인의 자비심이나 배려 때문이 아니잖아. 그들은 자기 이익을 위해 노력했을 뿐이지. 애덤 스미스는 이처럼 우리가 자본주의 사회에서 살아가고 번영할 수 있는 것은 자신의 이익을 추구하려는 이기심 때문이라고 했어. 그리고 저마다 잘하는 분야를 찾아서 일하는 분업도 중요하다고 했지.

애덤 스미스는 사람들이 일을 나누어 자기 분야에서 이기심을 만족시키기 위해 노력하는 자본주의가 번영의 바탕이라는 사실을 증명했어. 오늘날 자유 무역이나 자본주의 사회의 이론적 기초를 마련한 거지.

> 박제가 1750~1805년. 조선 후기의 철학자. 박지원의 제자이며 북학파로 시와 서화에도 뛰어났다.

애덤 스미스도 뛰어나지만 우리나라에도 아주 멋진 경제학자가 한 분 있었어. 실학자로 유명한 박제가야. 그는 조선 정조 때 중국의 수도를 여러 번 다녀온 다음 《북학의》라는 책을 썼어. 박제가는 그 책에서 각자가 모든 물건을 만들어 내는 것보다 잘하는 분야를 살려 물건을 만들어 내고 그것을 교환하면 나라를 부강하게 할 수 있다고 주장했단다.

> 일반인이 살아가는 데 필요한 물건은 반드시 서로 도와서 만들어야 한다. 나라 안에 벽돌이 없는데 자기 혼자 만들려고 하면 굽

는 가마도 자신이 만들어야 하고, 때우는 회도 마련해야 한다. 또 물건을 실어 나르는 수레도 자신이 마련해야 하고, 만드는 일도 자신이 해야 하므로 벽돌을 만든다 해도 이익이 별로 남지 않는다.

박제가처럼 사람들의 생활에 도움이 되는 학문을 공부한 실학자들이 조선 정치의 기본을 이루었다면 아마도 일본의 식민지가 되는 일은 겪지 않았을지도 몰라. 실용적이고 합리적으로 생각했을 테니까 말이야.

영국처럼 앞서 간 나라에 애덤 스미스가 있었다면, 영국보다 뒤처진 독일에서는 당시의 상황을 제대로 파악하고 나라를 부강하게 만드는 방법을 제시한 학자 프리드리히 리스트가 있었어.

> **프리드리히 리스트** 1789~1846년. 독일에서 태어난 미국의 경제학자. 보호 무역의 성격을 띠는 경제 발전 단계설을 주장했다. 《경제학의 자연 체계》, 《국가 운송 제도》 등의 책을 썼다.

그는 "내가 만일 영국 사람이었다면 애덤 스미스가 주장한 이론의 근본 원리를 의심하는 일은 없었을 것이다."라고 말했어. 그리고 초기 단계에 머물고 있는 독일이 영국의 주장을 받아들여 시장을 개방하면, 독일은 영국의 식민지가 될 수밖에 없다고 주장했어. 프리드리히 리스트는 영국을 거인, 독일을 난쟁이에 비유하면서 거인과 난쟁이가 자유 무역을 한다면 난쟁이는 영원히 거인의 종이 되는 결과를 낳을 것이라고 했지. 또 난쟁이만의 독특한 방법이 있어야 한다고 주장했어. 그 방법이란 경쟁력을 갖출 수 있을 때까지 자국 산업을 보호하는 것이었지.

사회 정치 제도를 고쳐 나라 안에 자유 시장을 만들어 바깥으로는 보호 무역으로 강한 나라에 맞서고, 약한 나라를 식민지로 만들어야 한다는 거야. 그는 정치가이자 사업가 입장에서 독일을 통해 부강한 나라로 만들어야 할 사명감을 갖고 있었지.

프리드리히 리스트의 국수주의적 부국강병 논리는 뒷날 비스마르크에 이어져 관세 동맹을 맺게 했고, 이것은 독일 통일의 기초가 되었어. 또 그의 사상은 1930년대에 리스트를 찬양했던 아돌프 히틀러에게 큰 영향을 주었단다.

위에서부터 강력한 개혁을 해야 한다는 리스트의 주장은 오늘날까지 후진국의 경제 성장론을 뒷받침하는 논리로 자주 쓰이고 있어.

노동조합의 등장

기계가 노동력을 대신하기 시작하자 별다른 기술이 없는 노동자들은 직장을 잃었지. 지나치게 도시로 몰려든 농촌 인구와 기계 때문에 일자리를 잃은 노동자들은 낮은 임금과 장시간 노동에 시달리면서 가난하게 살 수밖에 없었지. 노동력도 다른 상품과 마찬가지로 공급이 많고 수요가 적으면 자연히 가격, 즉 임금이 떨어지게 마련이거든.

그러자 19세기 초 영국에서는 노동자들이 기계를 파괴하는 운동이 일어났어. 이를 '러다이트 운동'이라고 해. 노동자들은 새로운 공장 제도와 기계가 자신들의 일자리를 빼앗아 갔다고 여겨 무리 지어 공장과 기계를 파괴하기 시작한 거야.

이에 놀란 자본가들은 기계를 파괴하는 사람에게 최고형을 내릴 수 있도록 법률을 만들었지. 노동자들 또한 단순히 기계를 부수는 것만으로는 효과가 없다는 것을 알아차리고 방법을 바꾸었어. 생각을 노동자들이 힘을 모아 자신들의 요구 사항을 주장해야 한다는 쪽으로 노동 운동의 방향을 바꾼 거야.

1799년 정부는 단결 금지법을 만들어 노동자들이 뭉치는 것을 막다가 마침내 1824년 노동자 단결법을 허용했어. 노동조합이 합법화된 뒤에도 노동 운동을 활발히 펼치는 데는 시간이 많이 필요했어.

노동자의 권익을 보호하기 위한 법이 만들어지는 과정을 살펴보면, 노동자와 자본가가 자신에게 유리한 정책을 만들기 위해 얼마나 치열하게 다투었는지 알 수 있어. 권익이란 좀처럼 그냥 주어지지 않는다는 사실도 함께 알 수 있지.

노동자들은 처음에는 선거권조차 없었어. 정부의 탄압과 노동 운동이 가진 문제점으로 말미암아 여러 차례 좌절을 겪은 뒤에야 노동자의 권익을 보호하는 권리, 즉 단체 행동할 수 있는 권리, 단체 교섭할 수 있는 권리를 얻었지. 1875년에는 단체로 파업을 할 수 있는 권리까지 헌법으로 보장받았어.

노동자들은 자신들의 권익을 높이기 위해 두 가지 방법을 선택했어. 하나는 점진적인 방법이고 다른 하나는 급진적인 방법이지. 점진적인 방법을 선택한 사람들은 이미 존재하는 정치 체제와 힘을 모아 노동자들의 여건을 좀 더 좋게 고쳐 나가려고 노력해. 급진적인 방법을 선택한 사람들은 자본주의가 아닌 사회주의를 선택했지. 영국의 노동자들은 1881년 사회민주동맹을 결성해 여러 차례 변화를 겪은 다음 1906년 노동당을 만들었어. 결과적으로 영국의 노동

자들은 노동조합을 통해 경제적인 요구를 주장하고, 노동당을 통해 자신들에게 유리한 입법을 추구한 거야.

하지만 모두가 영국처럼 온건한 길을 선택하지는 않았어. 사회주의와 공산주의를 선택한 노동자들도 있었거든. 노동자들의 선택에 결정적으로 기여한 사람은 역시 지식인이었어. 마르크스와 엥겔스는 역사란 정해진 길을 걸어가게 된다고 주장했지. 처음에는 원시 공동체에서 고대 노예제로, 다시 중세 농노제에서 근대 자본주의적 노동제로 발전한다고 주장했지. 중요한 점은 자본주의가 계속 존재하지 않는다는 거였어. 마르크스는 자본주의는 사회주의를 거쳐 공산주의로 옮겨 간다고 주장했어.

마르크스 1818~1883년. 독일의 경제학자·정치학자·철학자. 법률, 역사, 철학을 공부하다 헤겔 철학에 관심을 갖게 되었다. 사적 유물론을 세우고 엥겔스와 함께 〈공산당 선언〉을 썼다. 1849년 이후에는 런던에서 경제학을 공부했으며 국제 공산주의 조직인 '인터내셔널'을 만들었다.

엥겔스 1820~1895년. 독일의 사회주의자. 마르크스와 함께 과학적 사회주의를 주장했다.

그런 주장을 하게 된 이유는 무엇일까? 마르크스는 자본주의가 가진 커다란 약점 때문이라고 말했어. 자본주의가 되면 기계제 생산이 본격화되고 생산 수단을 가진 자본가들은 노동 시간을 늘려 더욱 많은 이익을 남기려고 한다는 거지. 그 결과 노동자들은 생계를 유지하기 위해 원하지 않는 노동을 강요당한다는 거였어. 이런 좋지 않은 상황을 바꿀 수 있는 방법은 사유 재산제를 없애고 공산주의로 나가야 한다는 거야.

> 이제까지의 모든 역사는 계급 투쟁의 역사이므로, 모든 노동자는 단결하여 계급 투쟁에 나서야 한다. 사회주의 혁명을 통해서 인간이 잃은 자아를 회복해 사유 재산도 계급도 없는 공산주의 사회를 세워야 한다. 자본주의가 가지는 모든 문제의 근거가 되는 생산 수단의 개인 소유를 없애고 생산 수단을 공유해 완전한 공산주의가 이루어지면 물질적으로 풍요로워져 능력껏 일하고 필요한 만큼 나눠 받는 정의로운 사회가 이 땅에 세워지는 것이다.

놀랍게도 이런 주장을 받아들인 노동자와 지식인은 점점 늘어났어. 1917년 러시아에서는 공산주의 혁명이 일어나 최초로 '소련'이라는 공산주의 국가가 생겨나지. 그리고 중국이 그 뒤를 따랐어.

공산주의는 국가가 생산과 분배를 명령하는 체제야. 공장을 국유화하고, 식량을 국가가 개인에게 나누어 주며, 화폐도 없지. 소련이 무너지기 전 나라 안에서 유통되는 상품은 모두 3500만 개였어.

그 상품을 얼마만큼 만들어야 하는지 누가 결정할 수 있겠어? 결국 몇십 년 전에 만들어진 규정을 따르다 보니 상품의 질은 뒤떨어질 수밖에 없었지. 또한 상품을 직접 만들어 내는 노동자보다는 명령하는 관료의 수가 늘어났어. 노동자, 기술자, 농민 등 생산직 세 명 가운데 한 명이 관료일 정도였단다.

무엇보다 중요한 점은 아무도 열심히 일을 하지 않는다는 거였지. 열심히 일해도 자신에게 돌아오는 것이 없기 때문이지. 너희들

이 열심히 공부해서 시험을 본 뒤 친구들과 성적을 모두 나누어 갖는다고 생각하면 돼. 그런데 누가 열심히 일을 하겠니? 이런 일이 공산주의에서 일어났어. 중국도 대약진 운동처럼 집단 농장을 만들어 농업의 발전을 꾀했지만 백성들을 먹여 살릴 수는 없었어.

> **대약진 운동** 1958년 마오쩌둥, 1977년 화궈펑이 추진한 전국적인 대중 운동. 농업의 발전을 꾀할 뿐 아니라 큰 규모의 제철소를 만드는 등 공업의 기초를 다지기 위한 운동이었다.

1989년 베를린 장벽이 무너져 내릴 때까지 전 세계 인구의 3분의 1이 마르크스 사상에 따른 체제 아래에서 생활했단다. 소련, 중국, 동유럽, 쿠바, 북한 등은 공산주의나 변형된 공산주의 체제를 선택한 대표적인 나라야. 결론은 모두 가난한 나라가 되었다는 거야. 그 뒤 모든 나라들이 공산주의를 포기했지만 쿠바와 북한만이 지금까지 공산주의 체제를 고집하고 있어. 특히 북한은 배고픔 때문에 국경을 넘는 사람이 한둘이 아닌데도 말이야.

공산주의 체제는 기본적으로 원시 부족들이 함께 만들어 내고 함께 나누어 갖는 것을 본떴어. 기껏해야 20~30명이 전부였던 부족 안에서 이루어진 생산 방식을 몇백, 몇천, 몇억 명으로 이루어진 국가에 적용했지. 시장 가격을 통한 교환 말고는 수많은 사람들이 어떤 물건을, 얼마만큼, 어떻게 생산할 것인가라는 문제를 해결할 수 있는 방법은 없어.

안타깝게도 이처럼 너무나 확실한 진리를 무시한 나머지 많은 사람들이 가난과 질병 그리고 고문으로 큰돈을 없앴어. 이처럼 인간은 현명한 것처럼 보이지만 가끔 정말 어처구니없을 정도로 잘못된 결정을 내리곤 한단다.

불황과 독점 자본주의

19세기가 끝나 갈 무렵, 유럽 국가들은 저마다 철강, 기계 등의 중공업에서 산업 혁명을 이루어 산업의 힘은 더욱 커져 갔지. 기업 사이의 경쟁이 치열해지면서 큰 자본을 가진 대기업이 중소기업을 합병하고, 산업계 전체를 좌지우지하는 엄청나게 큰 대기업이 나타났어.

처음에는 특정 산업에서 중소기업을 합병한 대기업이 나타났지만, 점점 산업을 넘어 여러 업종에 걸친 대기업들이 나타난 거야. 자연히 자본주의도 대기업의 영향을 받게 되는데, 이런 자본주의를 '독점 자본주의'라고 해. 독점 자본주의에서는 큰 산업을 일으키고 운영하는 자본력이 특히 중요해지면서 은행, 보험과 같은 금융 기관이 경제를 움직인단다. 금융 자본은 처음에는 국내 시장을 차지하는 데 관심을 가지지만 나중에는 외국에도 자금을 투자하지.

대표적인 인물은 '스탠더드 오일 트러스트'를 세운 록펠러 1839~1937년 야. 그는 석유 사업으로 돈을 번 다음 1870년 100만 달러의 자본금으로 스탠더드 석유 회사를 세웠어. 그리고 1870년과 1872년 사이에 많은 회사를 인수했고, 1878년에는 미국 안에서 전체 석유 제품 생산의 90퍼센트를 차지했으며 2년 뒤에는 95퍼센트까지 끌어올렸어.

록펠러는 여기서 머물지 않고 도매 분야로 관심을 돌렸지. 각 지역마다 대리점을 세워 경쟁 업자들을 물리치고, 송유관도 직접 관리했어. 또 수출 시장도 적극 개척했단다. 그는 여러 나라에 시장 대리점을 세웠고, 그가 만들어 낸 상품은 중국 내륙까지 깊숙이 파고들었지.

자본주의 사회에서는 생산을 계획할 수 없기 때문에 수요와 공급이 맞아떨어지는 경우가 드물어. 그래서 늘 불황과 과잉 생산이 되풀이되지. 각 나라는 이런 어려움을 해결하기 위해 세계적으로 원료 공급지와 제품 판매 시장을 찾아 나섰어. 자본주의 체제를 가진 국가들이 중심이 되어 해외 식민지 개척에 열을 올리던 1870년 이후부터 1914년까지를 '제국주의 시대'라고 부르기도 한단다.

영국은 모두 55개의 식민지를 갖고 있었어. 본국 인구는 4600만 명이었지만 식민지 국가의 인구는 3억 9160만 명이나 되었지. 프랑스 29개, 독일 10개, 미국 6개, 포르투갈 8개, 네덜란드 8개, 이탈리아 4개, 벨기에가 1개의 식민지를 갖고 있었어. 식민지를 차지하기 위한 전쟁에 뛰어든 선발 국가와 후발 국가인 독일, 이탈리아, 오스트리아 사이에 일어난 전쟁이 바로 제1차 세계 대전이야.

자본주의 경제는 언제나 같은 속도로 성장하지는 않았어. 어느 정도 경기가 좋았다가 불황이 시작되고, 다시 불황이 회복되면서 호황이 오기도 하지. 이런 현상은 일정한 규칙을 갖고 반복되는 특징이 있어. 호황이 영원히 계속될 수도 없고, 그렇다고 해서 불황이 오래 계속되지도 않아.

이따금 갑작스럽게 닥치는 심각한 불황을 '공황'이라고 하는데, 대표적인 공황은 1929년의 세계 대공황이야. 제1차 세계 대전이 끝난 1920년대에 미국은 기술 진보에 힘입어 대량 소비 시대를 맞이했지. 자동차, 라디오, 세탁기, 냉장고 등이 보급되면서 황금시대가 계속될 것처럼 보였어. 그러나 생산 설비가 지나치게 늘고 과잉 생산에 불안감을 느낀 투자자들이 주식을 파는 바람에 주식 가격이 갑자기 크게 떨어졌지.

1929년 10월 24일 목요일, 뉴욕의 월가 증권 거래소의 주가가 크게 떨어지기 시작해 10월 29일에는 경제가 완전히 마비되어 버렸어. 악순환은 계속되어 주식 가격은 반 토막 나고, 소비가 빠른 속도로 줄어들었어. 거리에는 실업자들이 넘쳐났지. 그 뒤 4년 동안 미국의 생산은 절반으로 줄어들었어. 1933년에는 1300만 명, 즉 국민 네 명 가운데 한 명이 실업자가 되어 거리를 헤매고 다녔지.

당시 미국은 세계에 150억 달러를 투자했기 때문에 미국에서 시작된 대공황은 눈 깜짝할 사이에 전 세계로 번져 나갔어. 미국이 자본을 거두어들여 독일과 오스트리아 경제도 무너졌기 때문이야. 대공황으로 미국의 공업 생산 능력은 44퍼센트나 줄어들었어. 그리고

이 시기에 세계 무역량은 65퍼센트나 줄어들었지.

　이때까지만 하더라도 자본주의 체제에서 정부가 끼어드는 경우는 아주 적었어. '정치는 경제에 개입하지 않는다.'는 원칙이 지켜지고 있었거든. 하지만 대공황이 일어나자 정부가 경제에 적극 끼어들게 되었지. 그리고 서로 살아남기 위해 영국과 프랑스 등이 자국과 식민지 사이에 *경제 블록을 세우면서 불황은 더욱 깊어졌어.

　원래 경제란 서로서로 물건을 사 주어야 발전하는데, 각 나라가 무역 장벽을 높게 쌓아 올리니 상황이 더욱 나빠진 거야. 이때 정부가 적극적으로 경제에 끼어들면서 고전적 의미의 자본주의의 성격

＊**경제 블록** 정치적·경제적으로 관련이 있는 여러 나라가 모여 경제 교류를 활발히 하고, 관계가 없는 나라는 차별 대우하는 것

이 변하기 시작했단다. 이렇게 정부 개입이 강화된 자본주의를 '혼합 경제'라고 부르지. 대공황 전만 하더라도 미국의 국민 총생산에서 정부 지출은 6~7퍼센트일 뿐이었지. 하지만 대공황이 일어난 뒤 20퍼센트 이상까지 늘어났어.

그런데 미국이 대공황에서 벗어난 과정은 눈여겨볼 만해. 이때 큰 역할을 한 사람이 케인스라는 경제학자거든. 불황에 빠지면 사람들은 미래를 비관적으로 보기 때문에 누구도 돈을 쓰려고 하지 않잖아. 있는 돈도 은행이나 장롱 속에 넣어 두지.

케인스 1883~1946년. 영국의 경제학자이자 언론인. 케임브리지 대학을 졸업했으며 〈이코노믹 저널〉의 편집자로 일했다. 대공황 상태의 영국 경제와 실업 문제를 연구했다. 《고용, 이자 및 화폐의 일반 이론》을 써서 '케인스 혁명'으로 불릴 만큼 큰 영향을 미쳤다.

하지만 케인스는 돈은 돌아야 한다고 생각했어. 그래야 생산하고 소비하는 순환이 일어날 수 있지. 그래서 그는 정부가 돈을 꾸어서라도 돈을 풀어야 한다고 생각했어. 정부가 일부러 수요를 만들어 내는 거지.

예를 들어 댐이나 도로 그리고 항만을 만들면서 돈을 쓰면, 그 돈이 다른 산업을 일으켜서 결국 불황을 이겨 낼 수 있다는 거야. 가라앉은 생산과 고용을 늘리기 위해 정부가 사람들의 *구매력을 키워 주어야 한다는 주장이었지. 그의 주장은 뒷날 '케인스 학파'라는 경제학자 그룹을 만들었고 현재까지도 경제 정책에 큰 영향을 미치고 있어.

*구매력 개인이나 단체가 어떤 물건을 살 수 있는 능력

오늘날 불황이 오면 정부가 지출을 늘려서 불황을 빨리 벗어날 수 있도록 해야 한다는 주장은 모두 케인스의 주장에 뿌리를 두고 있단다.

자본주의, 사회주의 그리고 공산주의 세계에서 마르크스처럼 영향력을 크게 발휘한 지식인도 드물 거야. 그는 자본주의 체제의 약점을 비판하는 동시에 전 세계 노동자들이 자본가에게서 벗어나 사회주의를 거쳐 공산주의 사회를 세워야 한다고 주장했어. 그의 주장이 현실 세계에서 구체화된 첫 번째 국가가 소련이야.

사회주의는 사유 재산 제도를 부정하고 모두가 함께 가지는 공유 재산 제도와 계획 경제를 통해 자유롭고 평화로운 사회를 세우려는 사상이야. 공산주의는 사회주의와 비슷한 뜻이지만, 공산주의자들은 사회주의는 공산주의의 첫 번째 단계일 뿐이라고 말하지. 진정한 공산주의 사회의 모습은 '능력에 따라 일하고, 필요에 따라 분배받는' 멋진 미래라고 믿었어.

1917년, 3월 혁명으로 공산주의 국가를 세운 소련은 사회의 모든 부문을 국유화했어. 국가 전체가 하나의 공장처럼 지시와 명령에 따라 움직이는 것이 바람직하다고 생각한 거지. 종업원 10명 이상의 기업과 5명 이상의 종업원과 동력기를 쓰는 기업이 국유화되었지. 그리고 농민들은 생산한 식량 가운데 자기 가족이 쓸 몫을 뺀 나머지를 모두 국가에 바쳤고, 국가는 이를 계획에 따라 나누었어. 이후 집단 농장제를 도입했고, 모든 생활필수품을 나누어 주어 상품 교환을 막고, 공업은 집단적으로 관리했단다.

한마디로 거래나 교환 대신에 국가의 명령에 따라 움직이는 사회적 실험을 한 거지. 모든 개인은 국가의 명령에 따라 움직이는 꼭두각시였어. 소련 경제는 1950년대 중반까지 두 자리의 높은 성장률을 기록했지만 1960년대 들어서면서 크게 떨어졌어. 한 나라의 경제를 커다란 공장처럼 운영하기는 어려웠기 때문이야. 비효율적인 소련 경제, 비합리적인 자원 배분과 이에 따른 낭비 때문에 문제가 되기 시작했어. 특히 무기나 공장과 같은 건설 사업은 정부의 목표를 이루는 경우가 많았지만, 소비재 생산은 뒤처져 국민은 물자가 부족하고 질이 좋지 않은 상품 때문에 고통을 겪었지.

집단 농장 체제에서 일하는 농민들에게는 흥미로운 사실을 볼 수 있어. 집단 농장의 수확물은 언제나 목표에 미치지 못했는데, 농민이 농사를 지어 작물을 거두어들일 수 있는 조그만 텃밭의 생산성은 무척 높았지. 이런 토지는 소련 전체 경지의 3퍼센트도 되지 않았는데, 많은 과일과 채소는 물론 우유의 4분의 1 그리고 먹는 고기의 3분의 1이 생산되기도 했어.

소련 관리들은 미국을 따라잡기 위해 여러 가지 캠페인을 벌여 사람들을 격려했지만 목표를 이룰 수 없었단다. 소련은 곡물을 수출하는 나라였지만 1960년대부터 어쩔 수 없이 오스트레일리아, 캐나다, 미국에서 곡물을 수입하기 시작했고 그 대가로 금을 내놓았지.

1985년 3월, 소련 공산당 서기장이 된 고르바초프는 구조개혁과 개방을 통해서 소련 경제를 다시 세워 보려고 했지만 큰 성과를 거두지 못했어. 그러다가 1991년 12월 21일 러시아를 비롯한 11개 공화국이 독립 국가 공동체를 세우는 데 서명했고, 12월 26일에는 고르바초프 대통령이 물러나면서 공산주의 국가 소련은 해체되었지.

사회주의 국가의 또 다른 종주국이었던 중국도 공산당이 지배하는 일당 독재 체제를 선택했어. 1949년 10월 권력을 잡은 마오쩌둥은 중화 인민 공화국을 세우고 1950년에는 소련과 중소 우호 동맹 상호 조약을 맺어 소련의 도움을 받아 사회주의 국가를 세우기 시작했어. 1953년에는 농업의 집단화와 산업의 전면적인 국유화를 실시했어.

마오쩌둥 1893~1976년. 중국의 혁명가. 1921년 공산당을 세우는 데 참여했으며 농민 운동에 몰두했다. 중화 인민 공화국을 세워 국가 주석이 되었다.

또한 마오쩌둥은 한꺼번에 사회주의 건설을 이루기 위해 소련형 건설 노선을 과감히 버리고 대약진 운동을 펼쳤어. 농촌에서는 인민 공사가 강제로 농업 집단화를 실시했지. 그러나 마오쩌둥의 이러한 실험으로 굶어 죽는 사람이 무려 1000만 명 이상이나 되었어.

결국 마오쩌둥이 세상을 떠난 다음인 1980년대부터 중국은 자유 시장과 자유

기업을 제한적으로 받아들여 공산주의 체제에서 벗어나 점차 자본주의 국가로 나아가기 위해 개혁을 시작했지. 지난 30여 년 사이 중국은 두 자리 숫자의 성장을 거듭하면서 세계의 제조 공장으로 떠오르고 있어.

이렇게 20세기 100년 동안 자본주의와 공산주의는 치열한 체제 경쟁을 벌였어. 하지만 공산주의가 가진 결점 때문에 체제 경쟁에서

지고 말았지.

공산주의 체제의 몰락을 나타내는 가장 상징적인 사건은 1989년 11월 9일과 10일 사이에 이루어졌어. 1961년 동독 정부가 주민들의 탈출을 막기 위해 만든 장벽을 넘어서 몇천 명의 동베를린 시민이 서베를린으로 쏟아져 들어간 거야.

베를린 장벽이 무너지면서 한 세기 동안 수많은 사람들을 가난과 두려움으로 몰아넣었던 공산주의 시대는 막을 내렸어.

자본주의 국가 사이의 치열한 경쟁

18세기의 순수한 자본주의, 다시 말해 국가가 경제 활동에 끼어들지 않는 '자유방임 국가'는 없어. 어느 정도 국가가 끼어들지.

자본주의에서 국가가 끼어드는 것은 사회주의 운동을 막기 위한 방법 가운데 하나였어. 자유 시장에 모든 것을 맡겨 둘 때 빈부 차이가 커지는 것을 피할 수 없어. 빈부 차이가 커지면 노동자 계급의 불만이 커져 사회주의 또는 공산주의 운동을 불러올 수 있지.

이런 위험성을 알아차린 독일의 재상 비스마르크는 사회주의와 노동조합의 세력이 커지는 것을 막기 위해 질병 보험법과 재해 보상법을 마련했어. 그리고 1927년에는 실업 보험법을 만들어 오늘날 사회 보험의 뼈대를 완성했단다. 미리 노동자들의 불만 사항을 해결하기 위해 사회 보험을 만든 거야.

영국도 1911년부터 국민 보험법을 실시했는데, 특히 1929년에 일어난 대공황으로 정부가 여러 가지 방법으로 시장에 끼어들게 되었지. 불황이 심해지면 시장이 알아서 수요와 공급을 조절하도록 내버려 두는 것이 아니라 정부가 화폐의 양을 늘리거나, 정부 공사를 크게 일으켜서 수요를 일부러 늘리는 거야. 이런 활동은 경제에서 정부가 차지하는 비중을 크게 했어.

그렇다고 자본주의가 한 가지 모습만 있는 건 아니야. 자본주의 체제는 세 가지 모습을 갖고 있는데, 주유소로 비교해 볼게.

먼저 *일본 주유소야. 이곳에서는 휘발유 가격이 *1갤런에 5달러로 좀 비싼 편이지. 이 주유소에는 남자 종업원이 똑같은 제복을 차려입고 흰 장갑을 끼고 손님을 맞고 있어. 종업원은 일을 잘하든 못하든 정년까지 일할 수 있지. 이들은 손님 차에 휘발유를 넣어 주고, 윤활유도 갈아 주고, 유리창도 깔끔하게 닦아 주고, 손님이 멀리 사라질 때까지 상냥한 미소를 머금고 친절하게 손을 흔들면서 배웅해.

다음은 *미국 주유소야. 이곳의 휘발유는 1갤런에 1달러로 일본에 비해 훨씬 싸. 하지만 기름을 넣는 일은 손님이 직접 해야 해. 또 창문도 스스로 닦고, 타이어에 바람 넣는 일도 스스로 해야 하지. 주유소에는 돈을 받는 종업원은 한 명밖에 없어. 종업원을 아주 적게 쓰기 때문에 기름을 싸게 팔 수 있는 거야. 그래서 일본 주유소보다 경쟁력이 있어.

세 번째는 *독일 주유소야. 이곳의 휘발유 가격은 1갤런에 5달러로 일본과 같아. 하지만 종업원은 한 명밖에 없어. 종업원은 일이

*일본 주유소 일본식 자본주의를 비유한 말
*미국 주유소 미국식 자본주의를 비유한 말
*1갤런 3.7854리터
*독일 주유소 독일식 자본주의를 비유한 말

많기 때문에 늘 투덜거리지. 그런데 왜 그렇게 휘발유 가격이 비쌀까? 다 이유가 있어. 종업원은 정해진 35시간만 일하고 날마다 90분 동안 점심시간을 꼬박꼬박 챙겨. 물론 이 시간에 주유소는 손님을 받지 않지. 그리고 종업원은 해마다 여름이 되면 프랑스 남부 지방에서 6주 동안 휴가를 즐겨. 길 건너편에서 게임을 즐기는 그의 두 형제와 삼촌은 지난 몇 년 동안 어느 직장에서도 일을 해 본 적 없지. 그래도 정부가 실업 수당을 주기 때문에 괜찮아. 실업 수당 때문에 주유소에서 일하는 사람의 봉급은 얼마 되지 않지. 일하지 않는 사람들을 위해 내놓아야 할 세금이 많기 때문이야.

1980년대까지만 하더라도 일본식 자본주의나 독일식 자본주의는 제대로 돌아가는 것처럼 보였어. 일본은 엄청난 무역 흑자를 내며 미국 땅을 마구 사들이기도 했지. 하지만 그것이 오래가지 않았어. 자본주의와 공산주의의 경쟁이 끝난 1990년대가 되자 '세계화'가 전 세계를 휩쓸기 시작했어.

각 나라의 시장은 점점 통합되어 갔어. 특히 금융 시장이 통합되는 속도는 무척 빨랐지. 지역의 한계를 뛰어넘어 전 세계를 상대로 금융 거래를 할 수 있게 되었단다. 사람들은 인터넷을 통해 정보를 손쉽게 얻었고 다른 나라에서 일어나는 일을 속속들이 알 수 있었어. 더 이상 높은 관세를 매겨 다른 나라의 상품이나 서비스가 들어오는 것을 막을 수도 없었지.

개인, 기업, 국가는 과거와 비교할 수 없을 정도로 더 멀리, 더 빨리, 더 깊이, 더 저렴하게 다른 세계와 다른 경쟁자들에게 다가설 수 있었어. 경쟁이 더욱더 심해지면서 자본주의 국가 사이에 적응 능력의 차이가 생겼어. 독일과 일본식 자본주의는 점점 적응력이 떨어졌지. 변화에 발 빠르게 대응할 수 없었기 때문이야.

독일과 일본 사업가들은 해고하기 힘들고, 임금 말고도 지불해야 하는 비용이 많기 때문에 노동자를 쉽게 쓰지 않아. 그러나 미국은 노동자를 해고하기 쉽고 임금 말고 지불해야 하는 비용도 적어. 또 미국 자본주의는 다른 자본주의 체제보다 경쟁력이 있어. 미국에서는 경쟁이 치열하고, 사람이나 기업 모두 혁신해야 하는 압박을 많이 받기 때문이야. 치열한 경쟁 속에서 혁신적인 아이디어와 상품, 제도가 나오기 마련이거든.

자본주의 미래 그리고 우리의 미래

확대되는 시장

"베를린 장벽이 무너져 한 세기 넘게 이어져 온 자본주의와 사회주의의 정치적 경쟁에 마침표를 찍었다. 이제 자본주의는 합리적으로 근대 경제를 조직할 수 있는 하나뿐인 방식이 되었다. 그 어떤 나라도 자본주의가 아닌 다른 방법으로 경제 문제를 해결할 수 있는 선택권을 가지고 있지 않다."

20세기를 대표하는 남미 최고의 경제학자 에르난도 데 소토의 주장이야. 20세기 100년 동안 공산주의와 사회주의의 실험 끝에 사람들은 의식주 문제를 해결하고, 인간다운 삶을 보장할 수 있는 체제는 자본주의 말고는 다른 방법이 없다는 사실을 깨우쳤어.

전 세계에서 북한을 빼면 더 이상 엄격한 계획 경제를 고집하는 나라는 없어. 소련, 중국, 인도, 동유럽 국가들, 베트남 등 모든 나라가 자본주의를 선택했지. 각 나라는 나라마다 엄격하게 국경을 나누는 것이 점점 의미가 없다는 사실을 알게 되었어. 그래서 몇몇 나라들은 자유 무역 협정을 맺어 하나의 시장을 만드는 일을 활발히 추진하고 있지. 예를 들어 우리나라가 일본과 자유 무역 협정을 맺으면 시장 두 개를 합친 만큼 시장의 크기가 늘어나 그만큼 이익도 커지는 거야.

아마도 이런 움직임이 계속되다 보면 상품이나 서비스가 국경을 넘을 때 내야 하는 세금이 없어질지도 몰라. 결국 전 세계 국가들이 자유 무역 협정을 맺는 것처럼 전 세계가 하나의 커다란 시장이 되는 거지.

세계가 하나의 시장으로 바뀐다는 건 어떤 의미일까? 개인, 기업 그리고 국가 모두 세계적 규모의 경쟁에 뛰어드는 것을 말해. 옛날에 우리나라의 근로자들은 단지 국경 안에 있는 다른 근로자들과 경쟁하면 됐어. 하지만 이제는 달라. 우리나라 근로자들은 같은 일을 하는 전 세계의 다른 근로자들과 경쟁해야 해. 기업도 옛날처럼 보호받지 못하기 때문에 싼 비용으로 생산할 수 있는 곳을 찾아 공장을 옮기곤 하지.

경제사를 되돌아보면 씨족, 부족, 도시 국가, 국가, 국가 연합체 그리고 단일 시장 등과 같이 시장이 점점 커져 왔다는 것을 알 수 있지. 물론 이런 흐름을 잠시 동안 방해하는 공산주의나 사회주의가 나타나기도 했지만 시장이 커지는 것을 막지는 못했어.

시장이 국경을 넘어서 전 세계 규모로 커지면 자연스럽게 시장의 힘이 점점 강해지지. 시장의 힘이 강해진다는 것은 무얼 뜻할까?

물건이나 서비스를 사는 소비자의 힘이 강해진다는 뜻이야. 옛날에는 소비자의 힘이 약하고 기업의 힘이 강했거든.

요즘의 소비자는 외국 제품이든 국내 제품이든 그다지 신경을 쓰지 않아. 어느 나라에서 만들었든 무조건 품질이 좋고 가격이 싸면 구입하지. 근로자나 기업은 좋은 품질의 상품을 값싸게 만들기 위해 훨씬 더 열심히 노력해야 해. 그래야 물건을 팔 수 있는 시대가 되었거든. 한편 소비자는 수많은 상품 가운데서 자기에게 맞고, 품질이 좋은 것을 자유롭게 선택할 수 있는 권리를 갖게 되었어.

또 시장의 힘이 강해지는 것은 성과가 뛰어난 근로자나 기업은 부자가 되지만, 그렇지 않으면 더욱 어려워진다는 뜻이기도 해. 어떤 기업이 다른 경쟁 기업들에 비해서 품질도 좋고 값이 싼 물건을 만들어 낸다고 해 보자. 그 기업이 세계라는 큰 시장에 나가면 더 많은 소비자에게 더 많은 물건을 팔아 더 많은 이익을 남길 수 있지.

사람들은 눈만 뜨면 달라지는 시대에 살면서 환경 오염을 걱정하고 빈곤이나 식량 문제 그리고 빈부 차이가 더욱 심각해질 인류의 미래를 걱정하기도 하지. 이렇듯 사람들은 자신의 경험과 관심에 비추어 세계를 바라본단다. 그러나 지난 100년 동안 인간이 겪은 변화보다 훨씬 크고 근본적인 변화가 앞으로도 계속될 거야.

천문학자인 스티븐 호킹 박사는 "공상 과학 소설의 소재가 가까운 미래에 현실이 된다."라고 말하기까지 했어. 과학의 발달에 힘입어 사람의 수명이 길어지는 것은 물론이고, 거의 모든 신체 장기를 바꿀 수 있게 된다면 120세까지 사는 사람도 많아지겠지. 뿐만 아니라 과학 기술이 발달해 생산성이 눈부시게 높아지고 생활 수준도 높아질 거야.

다만 언제나 그렇듯이 모두가 똑같이 행복하게 살 수는 없을 거야. 적응에 성공하는 개인, 기업 그리고 국가에게는 엄청난 상이 주어지겠지만 그렇지 않은 개인, 기업 그리고 국가는 어려움을 겪겠지. 부자와 가난한 사람 사이의 차이가 점점 커질 수밖에 없다는 건 영원히 해결할 수 없는 문제야.

전통적으로 자본주의는 생산 도구를 가진 자본가와 그것을 갖지 못한 노동자의 두 계급으로 이루어져 있어. 하지만 부를 만드는 지식이 날로 중요해지면서 '지식 근로자'라는 새로운 계층이 나타났지. 지식이 경제의 기초를 이루는 오늘날의 경제를 '지식 경제'라고 부르는 사람들도 있어. 오늘날 많은 근로자들은 단순히 노동력을 파는 사람이 아니라 지식을 파는 사람, 그러니까 지식 근로자로 바뀌고 있어. 지식 근로자는 전통적인 노동자와 달리 자신의 지식으

로 부가 가치를 만들어 낼 수 있기 때문에 훨씬 강한 힘을 갖고 있어. 그런데 지식은 빠른 속도로 변하잖아. 마찬가지로 기업도 새로운 변화에 적응하기 위해 더욱 열심히 일하고, 현명하게 미래를 준비하는 능력이 중요해진 거지.

각 나라도 다른 길을 걷게 될 거야. 이웃 나라 중국은 계속 성장하겠지. 앞에서도 말했지만 전통적으로 중국 사람들은 상업과 이익을 중요하게 생각하거든. 그들은 커다란 시장, 싼 임금 그리고 풍부한 인적 자원을 써서 세계의 제조 공장으로 자리 잡을 거야.

21세기에도 미국은 과학과 기술을 혁신해 나가는 선두 주자가 될 것이고, 여전히 세계의 경찰 역할을 하겠지. 미국 사람들의 건실한 개인주의와 경쟁적인 기업 그리고 탄탄한 법은 당분간 어느 나라도 넘볼 수 없는 재산이야. 이제까지 그래 왔던 것처럼 풍부한 자본과 뛰어난 인재들이 미국으로 몰려들 거야.

일본과 유럽은 예전처럼 눈부신 성장을 이루기는 힘들 거야. 노인 인구가 점점 늘어나고 있으니까. 예전에 모아 놓은 재산으로 선진국의 자리를 지킬 수는 있겠지만 세계 경제에서 차지하는 비중은 점점 낮아질 거야.

너희들에게는 어떤 미래가 기다리고 있을까? 그리고 너희들은 그 미래를 어떻게 준비해야 할까? 지식의 중요성이 커지면서 지식을 가진 사람과 그렇지 않은 사람의 차이는 틀림없이 예전보다 훨씬 커지겠지.

학교를 졸업하는 것은 또 다른 시작일 뿐이야. 사람들은 평생 동안 여러 개의 직업을 거칠 것이고, 끊임없이 공부하는 학생처럼 자신을 갈고닦아야 하지. 시장이 원하는 멋진 재능이나 기술을 익히기 위해 자신을 끊임없이 변화시킬 수 있는 사람들의 미래는 멋질 거야.

하지만 시장이 원하는 특별한 지식이나 재능을 갖지 못하고 오로지 평범한 노동력밖에 내보일 게 없는 사람들의 삶은 더욱 어려워질 거야. 아마 평범한 노동력을 가진 사람은 낮은 수준의 대우를 받을지도 몰라.

산업 혁명에서 시작된 공장 중심의 사회는 오늘날까지 이어져 왔어. 그러나 지식의 중요성이 높아지면서 또 다른 공장이 부를 만들어 내는 중심으로 떠올랐지. 그 공장은 바로 너희들의 두뇌야.

그러나 이러한 시대의 흐름을 인정하지 않고 종교, 이념, 인종적인 이유 때문에 평화적인 방법보다는 테러나 폭력을 통해 자신의 주장을 내세우는 사람들도 있을 거야. 과학과 기술이 아무리 발전하더라도 인간이 가질 수 있는 고정관념과 편견을 모두 떨쳐 버리기는 어려울 테니까 말이야.

그래서 어떤 전문가는 미래에 어떤 선택을 내리느냐에 따라 두 가지 모습의 인간을 관찰할 수 있다고 했어. 과거를 그리워하면서 그냥 머무르고 싶어 하는 안정론자와 변화를 즐기면서 계속 자신을 발전시켜 나가는 변화론자야.

나는 너희들이 여름날 바닷가에서 바람에 맞춰 윈드서핑을 타듯이 미래를 만들어 가는 변화론자가 되기를 바란단다.

마지막으로 내가 너희들에게 꼭 부탁하고 싶은 것이 있어. 시간이 갈수록 세계는 점점 더 연결된 세상으로 변해갈 거야. 그래서 더 큰 꿈을 갖고 세계를 상대로 활동 무대를 펼칠 수 있는 자신을 만들어 보았으면 해.

세계를 상대로 자신의 꿈을 펼치기 위해서는 넓고 올바른 세상을 보는 시야도 필요하지만, 어디서든 누구와도 일을 함께 할 수 있도록 외국어, 국제 관계 이해 등 다방면에서 실력을 갖추는 것도 꼭

필요하단다. 이 책을 읽는 너희들 모두가 세계 무대로 나아갈 수 있는 실력을 길러서 마음껏 자신의 꿈을 펼칠 수 있는 인재로 성장할 수 있기를 바랄게.